서바이벌 만화 과학상식

빙하에서 살아남기

서바이벌 만화 과학상식

빙하에서 살아남기

글 최덕희 | **그림** 강경효 | **채색** 신성식, 장경섭 | **사진** TIMESPACE, Shutterstock
펴낸날 2002년 8월 30일 초판 1쇄 | 2025년 6월 5일 초판 37쇄
펴낸이 신광수 | **출판사업본부장** 강윤구 | **출판개발실장** 위귀영
만화팀 조은지, 노보람, 김수지, 손주원, 이은녕, 변하영, 김다은, 정수현, 변우현, 정예진, 이윤영, 고은서
출판디자인팀 최진아, 이서율 | **출판기획팀** 정승재, 김마이, 이아람, 전지현
출판사업팀 이용복, 민현기, 우광일, 김선영, 이강원, 신지애, 허성배, 정유, 정슬기, 정재욱, 박세화, 김종민, 정영묵
출판지원파트 이형배, 이주연, 이우성, 전효정, 장현우
펴낸곳 (주)미래엔 서울특별시 서초구 신반포로 321 | **문의** 미래엔 고객센터 1800-8890 팩스 02)541-8249
출판등록 1950년 11월 1일 제16-67호 | **홈페이지** www.mirae-n.com

ⓒ 최덕희·강경효 2002
저작권자의 동의 없이 무단 복제 및 전재를 금합니다.

ISBN 978-89-378-1080-0 77400

파본은 구입처에서 교환해 드리며, 관련 법령에 따라 환불해 드립니다. 다만, 제품 훼손 시 환불이 불가능합니다.
값은 뒤표지에 있습니다.

이 책에 실린 사진은 www.dolphinleap.com(photograph by Rob Harrison–p.132), www.ufa.cas.cz, www.photolib.noaa.gov의
동의 하에 게재되었습니다. 사진 저작권자의 동의 없이 무단 전재와 복제를 금합니다.

KC 마크는 이 제품이 공통안전기준에 적합하였음을 의미합니다.
사용 연령: 8세 이상

서바이벌 만화 과학상식

빙하에서 살아남기

글 최덕희 | 그림 강경효

Mirae N 아이세움

펴내는 글

지구의 끝은 과연 어디일까? 이는 옛날부터 사람들이 가졌던 가장 큰 호기심 중 하나였습니다. 지구의 끝에는 한없이 깊은 낭떠러지가 있을 것으로 생각한 적도 있었습니다. 하지만 18세기 사람들은 남쪽 대륙에는 고통 없이 살 수 있는 에덴 동산, 열대 기후의 비옥한 땅이 있다고 믿었습니다. 남쪽으로 내려갈수록 따뜻해질 것이라고 생각했기 때문입니다. 하지만 그곳에는 커다란 얼음 대륙만이 사람들을 기다리고 있었습니다.

북극에 대한 최초의 호기심도 마찬가지였습니다. 처음으로 북극에 가장 가까이 다가갔던 사람은 뱃길에 밝은 해적이었습니다. 그가 바로 '마틴 프로비셔'라는 사람입니다. 이후 북극이 완전히 모습을 드러낸 것은 수백 년이 지난 후였습니다.

남극과 북극, 이 두 빙하 지대에서는 문명 세계에 살던 상식만으로는 살아남기가 어렵습니다. 영하 수십 도 이상의 혹한과 알려지지도, 경험해

보지도 못한 수많은 위험과 장애물이 도사리고 있기 때문입니다. 자신이 딛고 있는 얼음 덩어리가 유빙이 되어 떠내려갈지도 모르고, 갑자기 평평하던 얼음이 갈라져 수십 개가 넘는 크레바스가 눈앞에 나타날 수도 있습니다. 또한 북극곰과 같은 사나운 맹수를 만나거나, 하얀 눈에 의해 시력을 잃게 되는 화이트 아웃과 맞닥뜨릴 수도 있습니다.

이번 이야기의 무대는 바로 빙하 지대입니다. 죽느냐 사느냐? 레오의 생존 게임은 북극에 대한 사전 지식과 그간의 경험에서 얻은 과학 지식에 달려 있습니다. 굶주림과 추위에 맞서 싸우는 레오 일행의 경험을 다 같이 느껴 보세요. 마지막으로 남극과 북극, 그 매력적인 땅이 오래도록 보존되기를 기원합니다.

2002년 8월
지은이 최덕희 · 강경효

차례

1장 눈과 얼음의 땅 · **10**

2장 날고기를 먹는 사람들 · **18**

3장 대회 준비 · **26**

4장 헬기 투어 · **34**

5장 유빙을 만나다 · **42**

6장 북극의 아침 · **50**

7장 위기일발 · **58**

8장 이글루를 만들다 · **68**

9장 도깨비 강 건너기 · **80**

10장 바다표범 사냥 · **92**

11장 신나는 저녁 식사 · **104**

12장 땅 마커 만들기 · **114**

13장 도전, 바다낚시 · **124**

14장 상어 사냥 · **134**

15장 북극곰의 습격 · **142**

16장 크레바스를 넘어서 · **154**

17장 한밤의 사투 · **164**

18장 구조의 손길 · **170**

등장인물

레오

성격: 여전히 단순 무식하지만 무식하다는 소리는 싫어한다.
특기: 자칭 빙하의 사냥꾼이라며 자랑하기. 아무 데서나 끓어 보기.
과학 지식 수준: 과학 지식은 아는 게 거의 없지만, 서바이벌 지식은 목숨 걸고 경험한 덕에 수준급.
서바이벌 스타일: 좌충우돌 행동파. 생각도 가끔 한다.

토리

성격: 아는 건 굉장히 많지만 실제로 쓸모는 없다. 겁이 많다.
특기: 몰라도 아는 척하기, 침 튀기며 말하기.
과학 지식 수준: 지식 수준만 높은 편.
서바이벌 스타일: 과학적 사실에 근거한 이론파.

선생님

성격: 예쁜 얼굴과는 달리 포악한 성격의 소유자. 가뭄에 콩 나듯이 다정다감한 모습을 보여 준다.
특기: 학생들에게 소리 지르기.
과학 지식 수준: 고수 수준.
서바이벌 스타일: 심사숙고 행동파!

짱구

종류: 알래스칸 맬러뮤트.
성격: 눈치가 없어 상황 파악을 잘 못 한다. 주인인 레오를 믿고(?) 따른다.
특기: 몰래 음식 훔쳐먹기.
과학 지식 수준: ?
서바이벌 스타일: 본능 충실파.

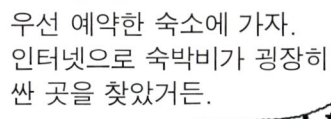

빙하 서바이벌 상식

눈과 얼음의 땅, 알래스카

알래스카는 러시아와 미국이 공동으로 관리하였으나, 1959년에 미국의 49번째 주가 되었습니다. 인구는 20만 명이며, 북아메리카에서 가장 높은 매킨리 산(6,194m)이 있습니다.

알래스카의 역사

오랜 옛날 몽골 계통의 유목민들은 갑작스러운 기후 변화 때문에 베링 해협 쪽으로 새로운 보금자리를 찾아 떠나야 했습니다. 베링 해협은 1년의 반 정도는 얼어 있기 때문에 이동이 가능했던 것입니다. 곧 강추위가 길을 막았지만 돌아갈 수도 없었습니다. 결국 그들은 오늘날 알래스카의 툰드라 초원 지대를 발견했고 이때부터 알래스카의 역사가 시작되었습니다.

공짜로 주운 보물단지

크림 전쟁의 패배에 따른 후유증과 능력 이상의 채무를 지게 된 러시아는 미국에게 알래스카를 살 것을 제안했습니다. 이에 미국은 1867년에 720만 불만 주고 알래스카를 꿀꺽 삼켜 버렸습니다. 당시 땅값은 1에이커(약 1,220평)당 2센트(우리 돈 20원)였습니다. 그 이후 알래스카에서 대량의 석탄과 천연가스, 석유, 귀금속 등의 자원이 발견되어 그야말로 미국의 보물단지가 되었습니다.

대륙이 아닌 바다, 북극

북극은 유라시아 대륙과 북아메리카 대륙으로 둘러싸인 넓은 바다입니다. 보통 북쪽을 북극이라고 지칭하지만, 일반적으로 북위 66°33′ 선 이북을 북극권이라고 합니다. 북극해는 그 면적이 지중해의 네 배인 1,200만km로 전체 바다 면적의 3%에 달합니다. 또한 북극해는 풍부한 광물 자원을 보유하고 있으며, 전 세계 주요 어장이 위치하고 있습니다. 북극해의 평균 수심은 1,200m이며 대부분 두꺼운 얼음으로 덮여 있지만, 조류나 해류 등에 의해 일정하게 움직입니다. 다른 지역에 비해 생존 조건이 열악한 북극해에는 물고기 30여 종, 플랑크톤 40여 종 정도만이 서식하고 있습니다.

북극의 전경

북극과 남극은 무엇이 다른가요?

지구의 양 극지방으로 혹독한 추위로도 유명한 남극과 북극. 그러나 이 두 지역에는 큰 차이가 있습니다. 우선 남극은 어느 특정 국가에 속해 있지 않지만, 북극은 여러 나라의 일부분이 포함되어 있습니다. 예를 들어 알래스카는 미국의 영토이고, 그린란드는 덴마크의 영토입니다. 또한 남극의 대표적인 동물은 펭귄이며, 북극은 북극곰입니다. 그러나 펭귄이 갈라파고스 제도에서 남극 대륙에 이르는 구역에 분포하고 있는데 비해, 북극곰은 북극권과 툰드라 지대에만 있습니다. 그러나 무엇보다 중요한 차이점은 북극은 바다지만, 남극은 대륙이라는 사실입니다.

날고기를 먹는 사람들

날고기를 먹는 사람들, 에스키모

에스키모는 캐나다 인디언이 '날고기를 먹는 사람들.'이란 뜻으로 붙인 이름인데, 에스키모인들은 자신을 가리켜 이누잇(인간)이라고 부릅니다. 에스키모인들은 황색 피부와 검은 머리카락은 물론, 갓난아이일 때는 엉덩이에 몽고 반점이라 부르는 푸른 점이 있기 때문에 인종학에서는 우리와 같은 몽골족으로 분류합니다. 에스키모인들은 알래스카, 그린란드, 캐나다, 시베리아 등지에서 살고 있습니다.

우리와 똑같이 엉덩이에 푸른 점을 가지고 태어납니다.

에스키모의 생활 양식

에스키모인들은 철저한 공동 사회였는데, 여럿이 모여 고래와 같은 동물을 사냥해야 했기 때문이었습니다. 수확물에 대해서는 공평한 분배를 원칙으로 삼고, 누가 더 많이 필요한가에 따라 차등을 두었던 고도의 문화 민족입니다.

이들은 사냥을 통해 잡은 물개나 고래를 통해 생활에 필요한 모든 것을 얻었습니다. 살코기는 주식으로 쓰였고, 고래의 지방은 영양가가 높은 음식이었을 뿐만 아니라, 방 안을 데우는 연료로도 쓰였습니다. 물개 가죽이나 사슴 가죽으로 옷을 만들었고, 바다코끼리의 창자는 바다에 나갈 때 입는 방수 파카로 이용되었습니다.

그린란드

그린란드는 북아메리카와 북동부 대서양, 북극해 사이에 있는 세계 최대의 섬입니다. 982년에 노르웨이의 에리크가 섬을 발견한 이래, 1261년까지 노르웨이의 지배하에 있었습니다. 그러나 척박한 영토로 인해 약 300년 동안은 방치되었습니다. 그 후 1721년에 선교사 H. 에게데에 의해 덴마크의 소유가 되었으며, 19세기 후반에 들어서면서 난센과 피어리, 밀라우스 등에 의해 그린란드는 그 신비의 베일을 벗게 되었습니다. 그린란드의 원주민은 원래 에스키모인이었으나, 요즘은 에스키모인과 유럽인의 혼혈인 그린란드인이 대부분입니다. 인구의 대부분은 살기에 적합한 남서부에 모여 있으며, 주요 산업은 사냥과 어업입니다. 지하자원으로 빙정석, 납, 아연 등이 풍부하며, 알루미늄을 만들 때 쓰이는 빙정석이 가장 대표적인 수출품입니다. 요즘에는 학술 연구와 군사 요충지로서 인정을 받고 있습니다.

눈 덮인 그린란드의 풍경

대회 준비

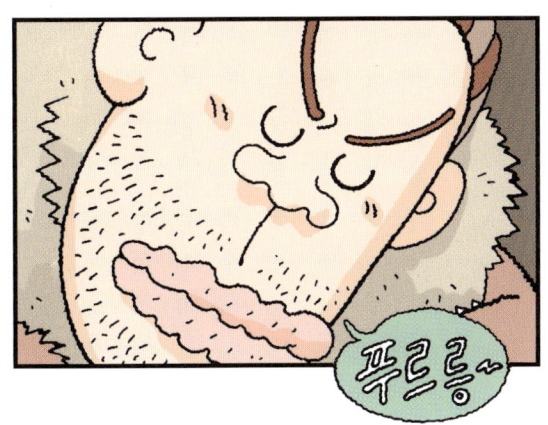

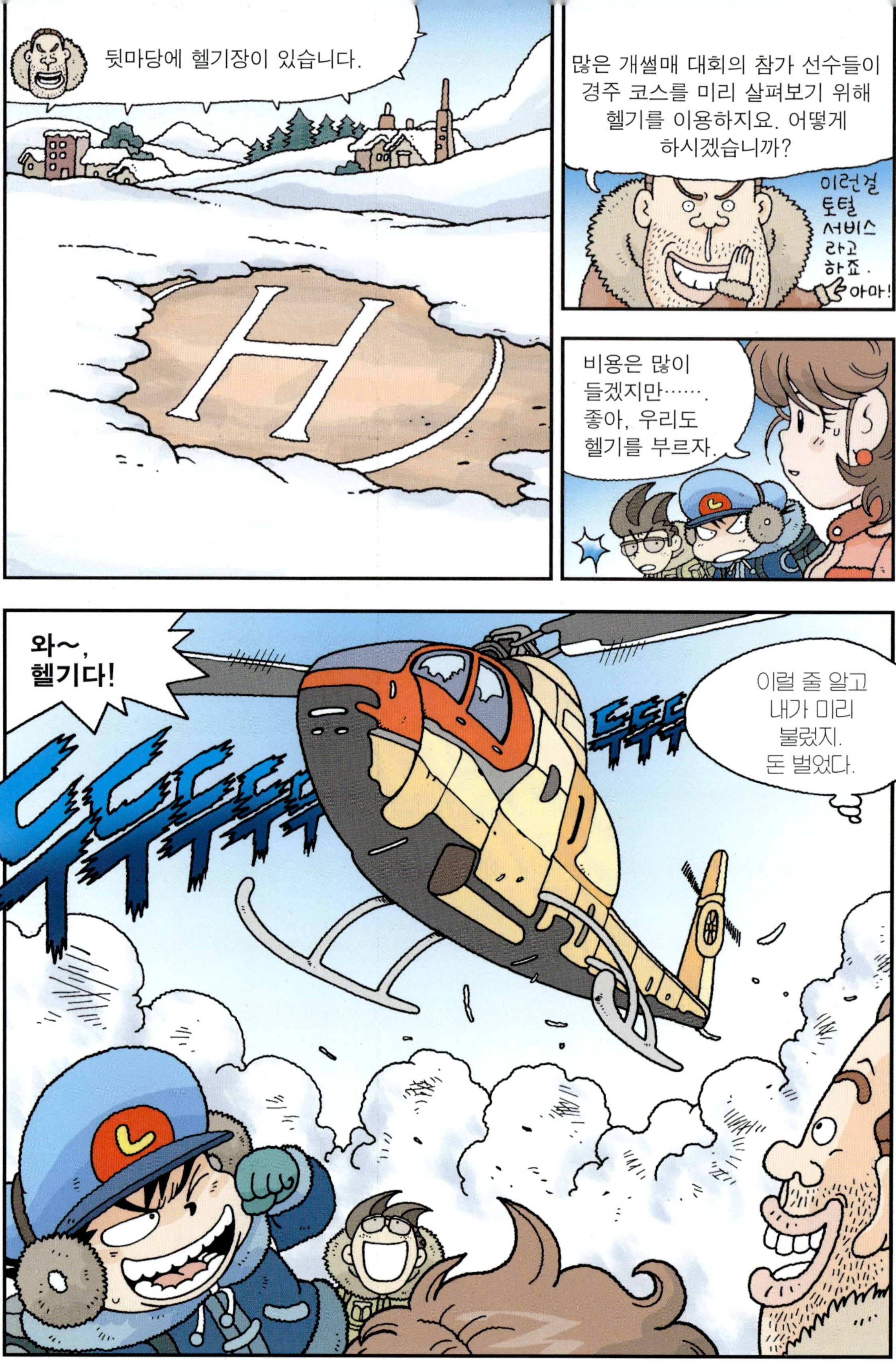

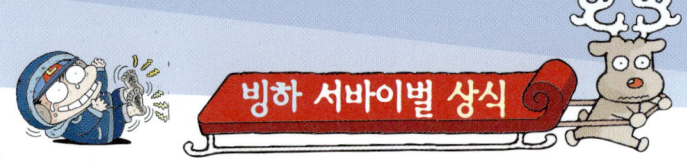

빙하 서바이벌 상식

극지방은 왜 추울까요?

극지방에도 적도와 비슷한 양의 햇빛이 비칩니다. 단지 적도에서는 한낮의 태양이 거의 수직으로 떠 있지만 극지방은 지평선에서 비스듬히 떠 있다는 것이 차이입니다. 즉, 같은 양의 햇빛으로 훨씬 넓은 지역을 비추어서 가열하는 셈이므로 태양열이 그만큼 적어질 수밖에 없는 것입니다. 이 때문에 극지방이 적도나 중위도 지방에 비해서 추운 것입니다.

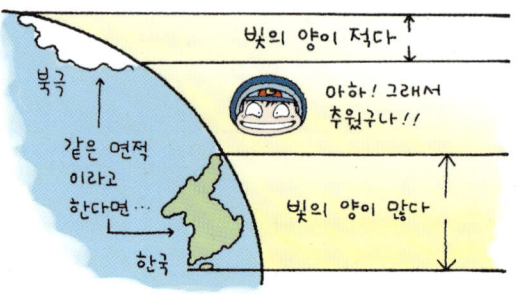

햇빛과 열을 반사시키는 눈

여러 가지 색 중에서 검은색은 빛을 흡수하지만, 흰색은 빛을 반사합니다. 이러한 성질이 기후에 영향을 미치는 곳이 바로 북극과 남극입니다. 양 극지방은 1년 내내 새하얀 눈으로 뒤덮여 있습니다. 그 때문에 태양열과 빛이 90% 이상 반사됩니다. 이러한 이유로 극지방에도 여름이 있기는 하지만 차이가 뚜렷하지는 않습니다.

지구에서 가장 추운 곳

일반적으로 북극이나 남극 지역이 가장 추운 곳이라고 생각하기 쉽습니다. 그러나 역사적인 기록을 살펴보면 1933년에 동시베리아가 영하 70°C를 기록한 적이 있다고 합니다. 물론 가장 살인적인 한파가 몰아친 곳은 남극으로, 러시아 기지 근방은 영하 89.2°C까지 내려간 적이 있습니다.

아이디타로드 개썰매 대회

알래스카에서는 아이디타로드(iditarod)라 불리는 세계적인 개썰매 대회가 열립니다. 앵커리지에서 놈까지를(1,678km) 쉴 새 없이 달려야 하는 고난도의 경기로, 보통 열흘 이상이 걸린다고 합니다. 미국, 캐나다, 독일 등 8개국에서 참가를 하며, 특별히 정해진 코스는 없습니다. 단 27개의 체크 포인트를 반드시 지나가야 하며 중간에 하루는 쉬어야 합니다. 썰매를 끄는 썰매개의 수는 12마리~16마리로, 결승점에는 최소 5마리 이상의 개가 들어와야 합니다. 그러나 워낙 험난한 코스의 경기라 사고가 많아, 평균 완주율이 50%에도 미치지 못한다고 합니다.

썰매개의 원조, 알래스칸 맬러뮤트

알래스칸 맬러뮤트는 시베리안 허스키, 사모예드와 함께 개썰매를 끄는 대표적인 썰매개 중 하나입니다. 맬러뮤트는 맬뮤트족의 사냥 파트너로서 그들이 삶을 유지해 나갈 수 있도록 도와준 가장 친밀한 동료였다고 합니다. 그 때문에 맬뮤트족은 알래스칸 맬러뮤트를 동물이 아닌 동등한 가족으로 받아들였습니다. 알래스칸 맬러뮤트의 평균 키는 55cm~70cm,

늠름한 모습의 알래스칸 맬러뮤트

몸무게는 34kg~40kg으로, 근육이 잘 발달되어 있습니다. 혹독한 북극의 추위도 거뜬히 이길 수 있는 이중 털과 늑대를 닮은 외모로 인해 시베리안 허스키와 함께 늑대개로 불리기도 합니다. 그러나 외모와는 달리 성격이 유순하고 사람을 잘 따르며, 낯선 사람에 대한 경계심이 약한 편입니다. 환경에 적응을 잘하기는 하지만 추운 곳에서 살던 개이기 때문에 여름에는 유난히 약한 편입니다.

빙하 서바이벌 상식

빙하의 종류

붕빙(棚氷, ice shelf)
내륙의 빙하가 바다로 쏟아져서 생긴 것 중에 해수면 위의 높이가 2m 이상인 것을 말합니다. 붕빙 중에는 프랑스와 크기가 비슷한 것도 있습니다. 이 붕빙이 갈라지고 깨져서 '아이를 낳은 것'이 바로 빙산과 유빙입니다.

북극에는 큰 빙산이 불규칙하게 무너져서 생긴 게 더 많아.

빙산(氷山, iceberg)
육지에서 쌓인 눈이 압력을 받아 단단한 얼음 덩어리로 변한 것이 빙하입니다. 이 빙하가 중력에 의해 낮은 곳으로 이동하다가 바다를 만나 떨어져 나간 것을 빙산이라고 합니다. 빙산의 비중은 약 0.85~0.91 정도로, 눈에 보이는 것보다 수면 아래에 숨겨져 있는 빙산의 비율이 훨씬 큽니다. 작은 빙산의 경우에는 보통 해류를 따라 시속 13km로 움직이는데, 이는 장거리 달리기 선수의 속도와 비슷하다고 합니다.

유빙(流氷, pack ice)

바다를 떠다니는 유빙

유빙은 해류나 바람에 의해 바다 위를 떠다니는 얼음을 말합니다. 유빙은 지구 자전에 따르는 코리올리의 힘(전향력)의 영향을 받기 때문에 바람이 불어오는 방향보다 20°~40° 정도 오른쪽으로 기울어져서 떠다닙니다. 극지방에선 사계절 내내 볼 수 있지만, 저위도 지방에서는 겨울에만 볼 수 있습니다.

우리 나라 근방에서 유빙을 관찰할 수 있는 곳은 일본 홋카이도 부근인데 유빙으로 인해 어선의 조난이 발생하는 등 막대한 피해를 입고 있다고 합니다.

해빙(海氷, sea ice)

바다는 영하 1.9℃ 이하로 내려가면 얼게 되는데 이렇게 바닷물이 얼어서 만들어진 얼음 덩어리를 해빙이라고 합니다.

일반적으로 바다 위를 둥둥 떠다니는 유빙도 해빙이라고 보고 있지만, 극지방에 있는 유빙 중에는 떠다니면서 그 위에 다시 얼음이 생겨 만들어진 빙구(氷丘)도 있습니다. 단, 빙산과 구분하기 위하여 두께가 2m 미만인 것을 말합니다.

해빙은 바닷물이 얼어서 된 얼음 덩어리라 맛이 짜요.

유빙을 만나다

도대체 애들 교육을 어떻게 시킨 겁니까?

Sorry... Sorry...

고칠 수는 있겠어요?

원래는 큰 고장이 아니었어요. 그런데 저 녀석이 몽땅 때려 부숴 놨으니 이제 큰일 났습니다.

내... 내가 왜 그랬을까?

꺄악~, 유빙이다!

다들 떨어지지 말고 모여 있어요. 유빙이 계속될지 몰라요!

내가 행방불명이 된 걸 알면 동료들이 꼭 구하러 올 겁니다!

얘들아, 걱정 마. 꼭 구조대가 올 거야. 게다가 레오는 오지에서만 세 번이나 살아 돌아왔잖아.

위급 상황이긴 하지만 아이들을 안심시키는 게 먼저야.

엉엉엉엉...

얼음은 어떻게 생길까?

물이 식어 온도가 영하로 내려가면 물분자들은 서로 단단하게 결합합니다. 이 결합을 얼음 결정이라고 합니다. 얼음 결정은 육각형과 엇비슷한 모양을 하고 있는데, 이는 물분자들이 촘촘히 서로의 손을 붙잡고 있기 때문입니다. 일반적으로 물질은 기온이 내려가면 분자들이 떨어지지 않으려고 손을 더욱 꽉 잡기 때문에, 부피가 줄게 됩니다. 그러나 물은 영상 4℃일 때 부피가 가장 작고 그 이하로 수온이 떨어지면 부피가 늘어납니다. 얼음이 되면 실제 부피의 10분의 1 정도 부피가 늘어나게 됩니다. 부피는 늘어나도 질량은 그대로 유지되므로 체적당 무게는 오히려 줄어든 셈입니다. 그래서 얼음이 물에 뜨게 되는 것입니다. 이것은 물만이 가지고 있는 독특한 성질이기도 합니다.

얼음과 관련된 상식들

바다는 왜 얼지 않을까?

물도 공기와 마찬가지로 온도에 따라 움직입니다. 약 4℃ 정도 되는 차가운 바닷물은 바닥으로 가라앉고 얼음은 언제나 수면으로 떠오릅니다. 바다가 얼어붙기 위해서는 수면이 얕아야 합니다. 왜냐하면 강이나 호수 등에서 볼 수 있는 얼음 덩어리들은 오히려 물을 대기의 매서운 추위로부터 보호해 주기 때문입니다. 이 때문에 바닷물은 완전히 얼지 않습니다.

빙산은 짜지 않다고요?

물이 낮은 곳으로 흐르듯 얼음 역시 낮은 곳으로 이동하는 성질을 갖고 있습니다. 빙산은 빙하의 얼음이 바다로 흘러 들어가 생긴 것입니다. 그래서 바다에서 생긴 얼음과는 달리 소금기가 전혀 없습니다.

빙산은 빙하에서 떨어져 나온 거라 짜지 않아요!

손에 금속이 붙었어요!

기온이 아주 낮은 상태에서 얼어 있는 금속에 손을 대면 철썩 달라붙게 됩니다. 금속 표면과 손의 피부 사이에 발생한 소량의 수분이 낮은 온도 때문에 얼어붙어 버리기 때문입니다. 또한 사람 손의 피부에는 어느 정도의 물기가 있어서 찬 금속에 닿는 순간 얼어붙게 됩니다. 이 밖에도 영하 20℃ 이하의 찬 바람이 부는 날, 눈을 깜박이면 순간적으로 붙어 버리는 것도, 혀에 얼음을 댔을 때 붙는 것도 같은 이유입니다.

극지방 서바이벌

① 극지방에서 조난을 당했을 때, 우선 체온 유지에 신경을 써야 합니다. 눈이나 얼음을 그냥 먹어서는 안 되며, 옷은 몇 벌씩 겹쳐 입는 것이 좋습니다.

② 언제 어디서 조난을 당해도, 음식물은 반드시 섭취해야 합니다. 특히 극지방의 경우, 먹음으로써 신진대사를 조절하여 체온을 올릴 수 있기 때문입니다.

③ 아무리 극지방이라 하여도 땀을 흘릴 수 있습니다. 땀은 동사나 동상의 원인이 되므로, 속옷과 겉옷은 늘 잘 말려서 입어야 합니다.

④ 양말과 구두는 넉넉한 것으로 신어야 합니다. 극지의 경우 발끝을 움직일 수 있는 여유가 있는 것이 좋습니다. 단 양말은 너무 큰 것을 신으면 물집이 생기거나 동상에 걸릴 수 있으므로 조심해야 합니다. 발에 통증이 느껴지지 않는다면 동상에 걸렸다는 증거이므로, 따뜻한 감각이 되살아날 때까지 움직여 주어야 합니다.

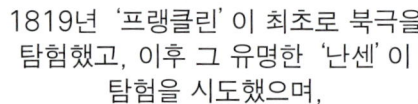

북극 탐험의 선구자들

세계 최초로 북극점을 정복한 피어리

최초의 북극 탐험가는 기원전 325년에 북방을 항해했던 그리스의 '피테아스'입니다. 또한 아이슬란드의 무법자였던 '붉은 에릭왕'은 추방 선고를 받고 아이슬란드를 떠나 서쪽으로 갔다가, 985년에 눈 덮인 낯선 육지를 발견했습니다. 이것이 세계에서 가장 큰 섬인 북극의 그린란드입니다. 그 후 19세기에는 활발한 극지 탐험이 이루어졌습니다. 얼음에 갇힌 채 2년 동안이나 사투를 벌이다 128명의 대원 전부가 사망하는 비극을 맞았던 영국의 '서어 존 프랭클린', 세계 최초로 북극점을 정복했다고 주장한 '프레더릭 쿡', 35개월 동안이나 얼음 바다를 헤맸던 '난센' 등이 있었지만 모두 북극점 도달에는 실패했습니다.

그러다 1909년 4월 6일, 25년간이나 북극 탐험을 시도했던 미국의 '로버트 피어리'에 의해 세계 최초로 북극점(북위 90°)이 정복되었습니다.

로버트 피어리 (Peary, Robert Edwin)

미 해군의 토목 기사였던 로버트 피어리는 1886년부터 1908년까지 여덟 차례의 탐험을 실시했습니다. 1909년 그는 엘스미어 섬의 컬럼비아 곶을 떠나 북으로 전진했습니다. 4월 6일 북극점에 도착했다고 확신한 피어리는 4월 27일 루스벨트 호로 돌아와 아내에게 기쁨의 전보를 보냈습니다. 그러나 이때부터 쿡과 피어리의 오랜 논쟁이 시작됩니다. 쿡이 1908년 4월 21일에 북극점에 도착했다고 한 것입니다. 두 사람의 논쟁은 결국 투표로 결정을 하기에 이르렀고, 피어리가 135대 34라는 결과로 승리했습니다. 그러나 정말 쿡의 말이 거짓이었는지는 아직까지도 밝혀지지 않은 미스터리로 남아 있습니다.

남극 탐험의 두 라이벌

피어리가 북극점을 정복했다는 소식이 전해지자 오랫동안 북극점 정복을 꿈꿔 왔던 아문센은 실의에 빠졌습니다. 결국 그는 1910년 6월 3일, 자신의 목표였던 북극점 정복을 뒤로 하고 남극 탐험 길을 떠나게 됩니다. 그리고 1911년 10월 20일부터 본격적인 탐험에 들어갔습니다. 그러나 북극보다 더 혹독한 추위에 개와 아문센 일행은 사투를 벌여야 했습니다. 몇 번씩 죽을 고비를 넘기면서 한 걸음씩 이동을 했지만, 남위 85°를 넘어서자 아문센 일행은 모두 동상에 걸려 버렸고, 개들은 추위로 발바닥이 다 터져 버렸습니다. 생사를 건 아문센의 도전은 마침내 1911년 12월 14일 오후 3시 남극점 정복이라는 결실을 맺었습니다. 아문센과 선의의 경쟁을 벌였던 영국의 스콧은 35일 늦은 1912년 1월 18일에 남극점을 밟았습니다.

위기일발

이쯤이 좋겠다. 헬기 추락 지점에서 멀지도 않고.

얼음도 꽤 두꺼워.

맞아요. 구조대를 기다리려면 처음 위치에서 움직이지 않는 것이 좋아요.

자, 그럼 임시 텐트를 쳐 볼까?

* 방풍·방습·보온: 바람을 피하고, 습기를 예방하여 몸을 따뜻이 한다는 뜻.

얼음의 땅, 툰드라

툰드라는 북극해 연안 지역으로, 최고 기온이 영상 10℃를 넘지 않으면서 식물의 생장 기간이 60일 이하로 짧고, 큰 나무가 자라지 못하는 곳을 가리킵니다. 보통 낮은 기온으로 인해서 삼림이 형성되기 어려운 고위도 지방의 삼림 한계보다 북쪽에 위치한 극지들이 툰드라에 해당합니다. 겨울에는 영하 20℃~30℃로 내려가 눈과 얼음으로 덮이게 되고, 강수량이 많은 편은 아니지만 증발량이 적어서 습지를 형성하고 있습니다. 그러나 지표 아래로는 오랜 기간 동안 얼어붙은 땅인 영구 동토층이 있어 물이 쉽게 침투하지 못합니다.

툰드라에 서식하는 식물은 소수의 풀과 철쭉과의 히스, 키가 작은 식물들과 이끼로 대표되는 지의류 등입니다. 파충류는 극소수만이 서식하며 곤충은 찾아보기 어렵습니다.

툰드라의 여름

거대한 자석인 지구

나침반은 언제나 북쪽과 남쪽을 가리킵니다. 왜 그럴까요? 정답은 바로 지구에 있습니다. 지구 자체가 거대한 자석이기 때문입니다. 지구의 가장 깊숙한 곳에는 동그란 핵이 있는데, 이 안에는 철이나 니켈 같은 금속이 녹아 있습니다. 이 금속들이 자기력선을 만들어 내서 지구는 하나의 자석이 되었습니다. 자석은 서로 다른 극을 잡아당기는 성질이 있기 때문에, 나침반의 N극은 S극의 성질을 가지고 있는 북극 방향을, 나침반의 S극은 N극의 성질을 가지고 있는 남극 방향을 가리키게 되는 것입니다. 이렇게 지구가 가진 자석의 성질을 지구 자기라고 하며 지구 자기가 영향을 미치는 부분을 지구 자기장이라고 합니다.

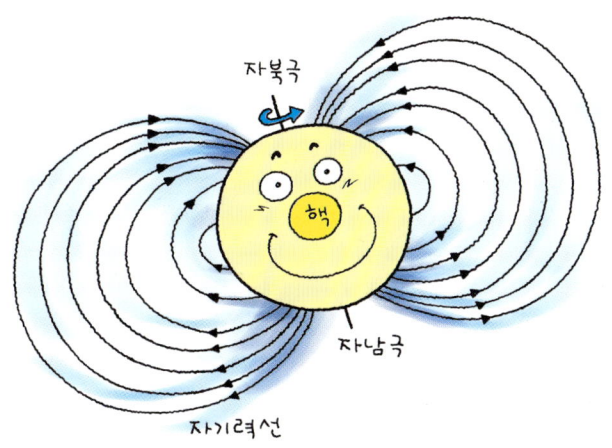

지구 자기장에도 지구의 북극·남극과 같은 곳이 있습니다. 이것을 자북극, 자남극이라고 합니다. 우리는 흔히 지구의 북극점과 남극점이 나침반이 가리키고 있는 정확한 북쪽과 남쪽이라고 생각하고 있지만, 실제로는 이 자북극과 자남극을 가리키고 있습니다. 자북극과 자남극은 각각 북극·남극과 비슷한 위치에 있지만, 매년 태양풍 등의 영향으로 조금씩 이동하고 있습니다.

이글루를 만들다

사방에 위험 요소가 즐비한데다 북극곰 같은 맹수도 있어. 그러니 웬만하면 여기는 떠나지 않는 게 좋겠다.

선생님, 그럼 이 근처부터 괜찮은지 살펴봐야겠네요.

그래. 그 후에 안전하다고 판단되면 이글루를 짓는 거지.

↑ 신호탄용 권총

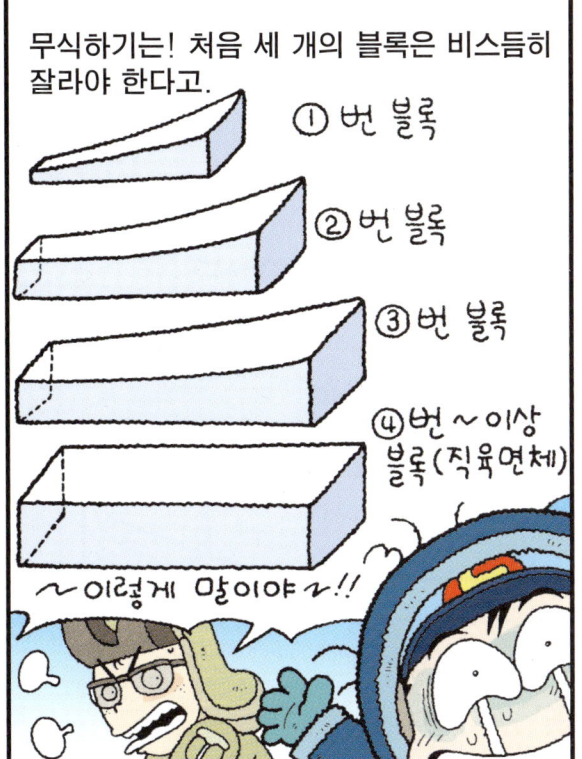

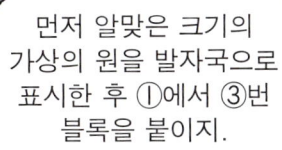

빙하 서바이벌 상식

위험한 극지방
온통 얼음과 눈으로 둘러싸인 극지방에는 상상 외로 많은 위험이 도사리고 있습니다.

북극의 해일
북극에서는 지구의 온난화로 예전보다 더 많은 빙산이 녹아 내리고 있습니다. 가끔은 거대한 빙산의 띠로 된 절벽 중에서 일부가 무너져 바다로 떨어지기도 하는데, 이때 엄청난 파도가 몰아칩니다. 그러므로 아무리 멀리 떨어진 곳에서 빙폭이 추락했다 하더라도 피신해야 합니다.

크레바스
크레바스는 빙하가 갈라져서 생긴 틈입니다. 흔히 경사가 심한 곳이나 빙하가 꺾이는 곳에서 생깁니다. 그래서 크레바스는 빙하가 흐르는 방향과 직각으로 생기며 서로 평행을 이루는

크레바스의 모습

것이 보통입니다. 크레바스는 그 크기나 깊이가 다양합니다. 눈에 덮여서 갈라진 틈이 보이지 않는 것을 히든 크레바스(hidden crevasse)라고 하는데, 이것이 실족의 원인이 됩니다.

눈사태
눈사태는 빙산의 경사면에 쌓인 눈이 갑자기 사면을 따라 대량으로 미끄러져 내리는 현상을 말합니다. 지구 온난화 현상으로 인해 빙하가 조금씩 녹다가 기반이 약해지면 그 위에 쌓인 눈이 갑자기 쏟아져 내려 대형 사고를 일으키기도 합니다.

에스키모인들의 생활

북극 지방에 살았던 에스키모들은 자신의 환경에 적응하며 불편함을 최소한으로 줄이기 위한 지혜를 키웠습니다.

에스키모의 복장

에스키모들은 사냥이나 강추위에 대비해서 늘 겉옷을 덧입는데 무게는 1.8kg밖에 되지 않습니다. 특히 얼굴 부분에는 입김이 얼지 않도록, 얼굴 둘레에 오소리나 늑대의 모피를 붙여 놓았습니다. 신발은 털이 바깥 쪽으로 나와 있는 모피 장화를 신었는데, 추위가 심해질 때는 몇 켤레씩 겹쳐 신었습니다.

에스키모의 사냥

에스키모들은 사냥을 통해 음식을 공급했습니다. 추운 날씨 때문에 땅이 꽁꽁 얼어 과일이나 채소를 재배할 수 없었기 때문입니다. 바다에서 사냥을 할 때는 나무틀에 가죽을 입힌 카약을 사용하였습니다. 그리고 물고기는 잡아서 밖에 그대로 말려서 보관했습니다. 이들이 잡은 것은 주로 물고기, 물개, 고래 등입니다.

이글루

이글루는 눈 덩어리들을 잘라 달팽이 모양으로 쌓아 올린 것으로, 바람과 추위를 막아 주어 따뜻하게 지낼 수 있습니다. 그리고 빛이 얼음을 통과하는 성질 때문에 내부는 밝습니다. 요리를 할 때는 지붕에 있는 구멍으로 연기가 빠져나갑니다.

이글루를 만들고 있는 사람들

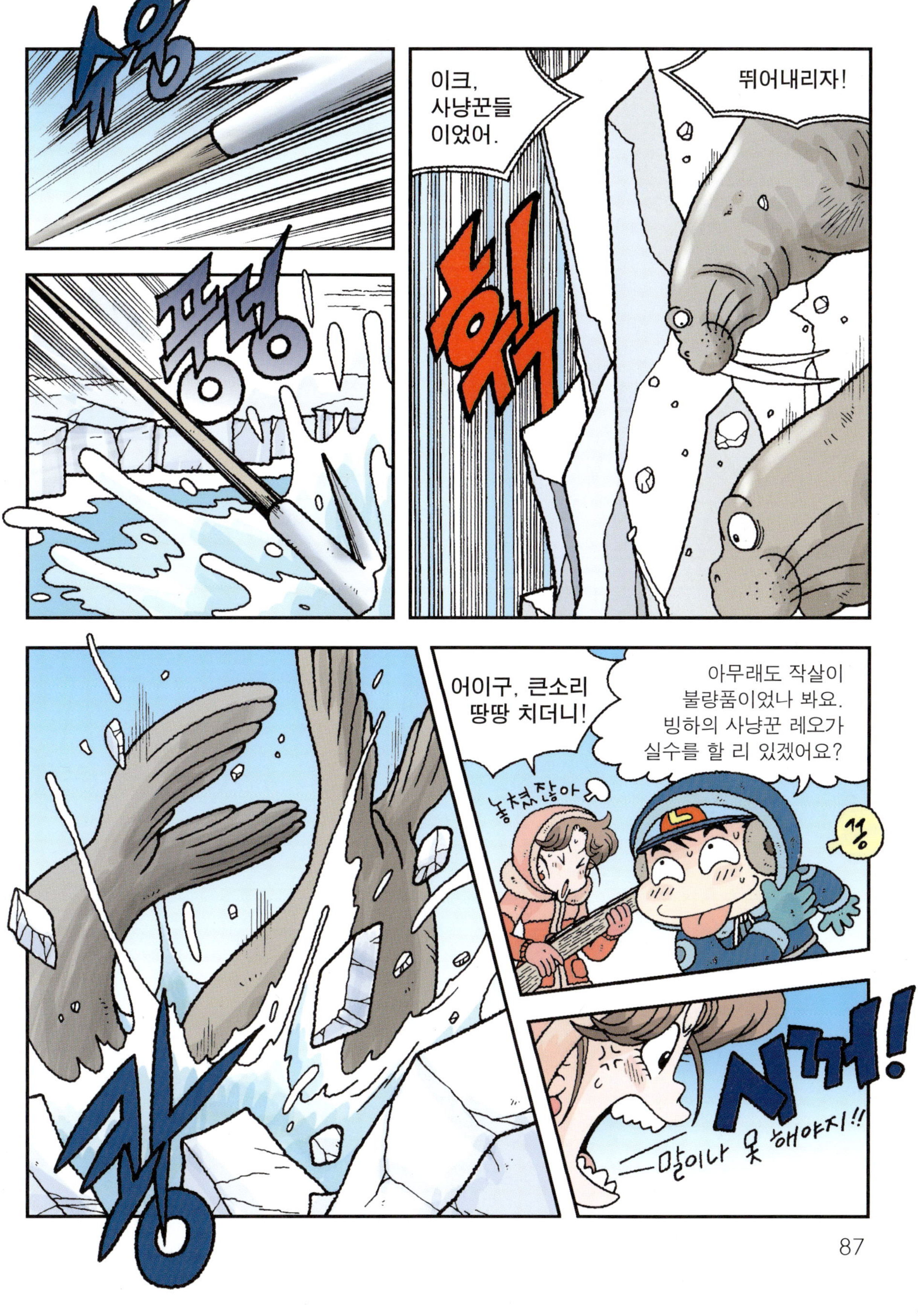

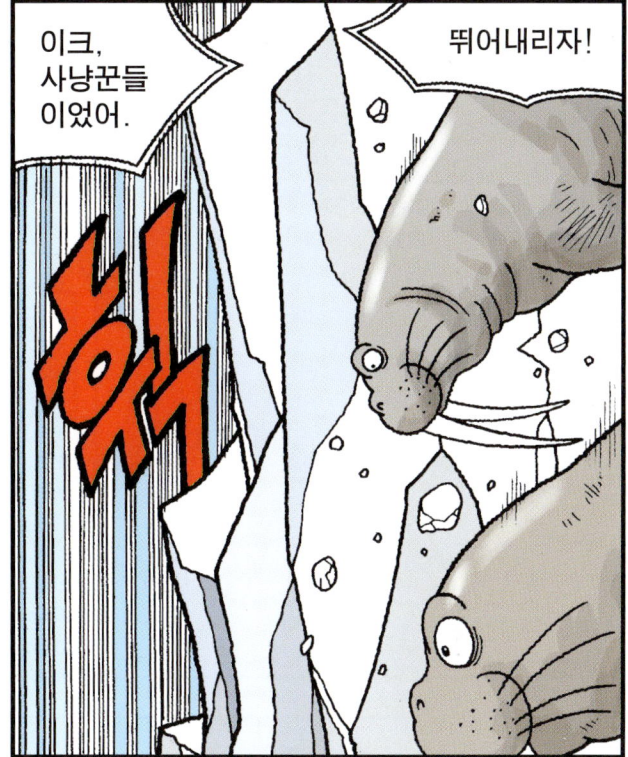

도깨비 강 건너기 현상

겨울에 영하 10℃ 내외의 날씨가 계속되다 보면 얼어붙은 강이나 호수가 어느 날 뾰죽뾰죽 솟아오르곤 합니다. 이를 가리켜 '도깨비 강 건너기', 또는 용이 갈아엎은 흔적 같다고 하여 '용갈이'라고 하기도 합니다.

강, 호수, 저수지 같은 장소의 물은 한 덩어리의 얼음으로 얼게 됩니다. 그러나 낮과 밤으로 기온 차이가 생기게 되면 이 덩어리에도 조금씩 균열이 생기는데, 이때 얼음이 약한 곳이 부서져 버려, 그 아래의 물이 드러나게 됩니다. 그러다 다시 영하로 기온이 떨어지면 물이 드러난 곳이 얼었다가, 다시 기온 차가 생기면 그 부분이 약해지면서 갈라져 버립니다. 이런 과정이 반복되면 가운데가 불룩 솟아오른 '도깨비 강 건너기' 현상이 생기게 되는 것입니다.

우리 조상들은 이 현상을 보고 방향이 남북쪽이면 그 이듬해는 풍년이 들고, 동서쪽으로 나면 흉년이 된다고 믿었습니다.

도깨비 강 건너기 현상이 생기는 과정

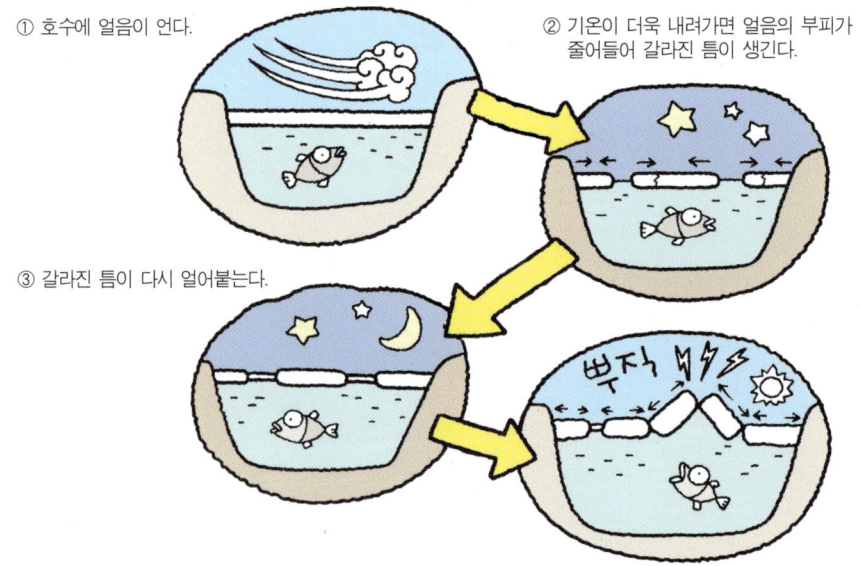

① 호수에 얼음이 언다.
② 기온이 더욱 내려가면 얼음의 부피가 줄어들어 갈라진 틈이 생긴다.
③ 갈라진 틈이 다시 얼어붙는다.
④ 기온이 올라가면 얼음의 부피가 늘어나서 약한 부분이 깨져 솟아난다.

바다에 사는 포유류

바다표범

에스키모의 중요한 사냥 대상이 되었던 바다표범은 총 19종으로 나눌 수 있습니다. 북극해의 한류가 흐르는 방향을 따라 서식하는 바다표범으로는 참깨점박이바다표범, 턱수염바다표범, 고리무늬바다표범, 흰띠박이바다표범, 회색바다표범, 두건바다표범, 하프바다표범 등이 있습니다. 바다표범들은 일광욕을 좋아해서 배가 부르거나 기분이 좋으면 얼음 위로 올라와 햇볕을 즐깁니다. 그러나 피부가 햇볕에 민감하여 가끔은 화상을 입기도 합니다.

바다코끼리

햇볕을 쬐고 있는 바다코끼리들

바다에 사는 포유류 중에 기각류(앞다리와 뒷다리, 특히 뒷다리가 헤엄치기에 알맞도록 지느러미 모양으로 적응·변화한 것)에 속하는 동물 중에서 가장 크고 못생긴 동물이 바다코끼리입니다. 바다코끼리의 양질의 기름이 윤활류로 사용되는 바람에 멸종을 당할 뻔하기도 했습니다. 보통 한 마리의 수컷이 수십 마리의 암컷을 거느리기로 유명합니다.

바다표범 사냥

꼬르륵... 꼬르륵...

정말 걱정이에요. 이제 땔감도 거의 다 떨어졌어요.

어디 그뿐이냐? 버너의 기름도 가스도 거의 바닥이야.

조난당한 지 며칠이나 지났는데……. 이러다 영영 집에 못 가는 거 아냐?

조용히 좀 못 하겠니?

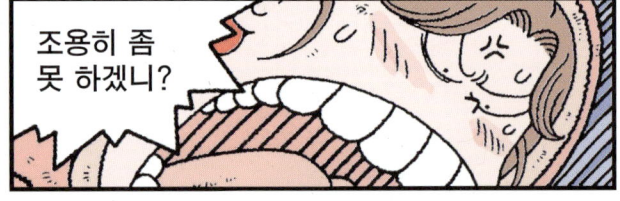

어제부터 부쩍 신경질이셔.

쉿, 아마 배가 고프셔서 그럴 거야.

지구의 두 가지 막

우리가 살고 있는 지구는 두 가지 막으로 싸여 있습니다. 한 가지는 대기권이고, 다른 하나는 지구의 자기장입니다. 지구의 대기는 생명체에게 반드시 필요한 보호층입니다. 대기층은 산소를 공급해 주며, 태양 광선을 막아 주어 지구가 일정한 기후를 유지할 수 있도록 해 주기 때문입니다. 대기권은 여러 층으로 나누어져 있는데 기상 변화가 일어나는 곳은 가장 아래에 있는 대류권입니다. 나머지 하나의 막은 핵으로 만들어진 지구 자기장입니다. 지구 자기장은 태양에서 나온 입자들이 지구를 비껴 가게 할 수 있도록 막아 주며, 오로라라는 눈부신 빛을 우리에게 선물해 주기도 합니다.

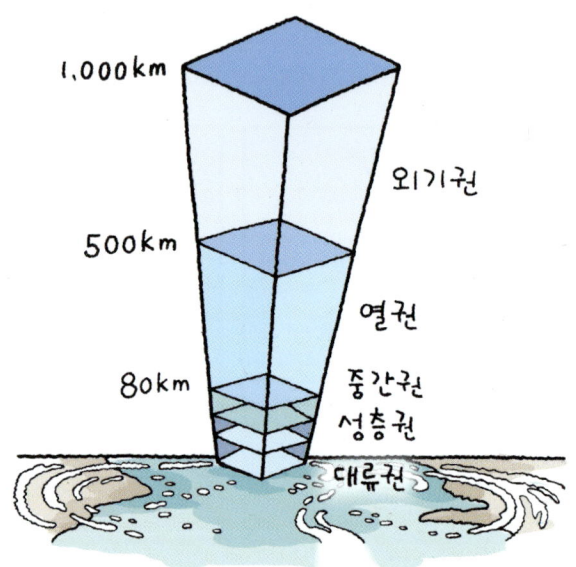

오로라란 이름은 어디서 왔을까요?

오로라는 1621년 프랑스의 과학자 피에르 가센디가 로마 신화에 나오는 여명의 신 '아우로라'에서 이름을 따서 붙였다고 합니다. 오로라의 공식 명칭은 나타나는 장소에 따라서 다른데, 북반구에 나타나는 것은 '오로라 보레알리스 (여명을 닮은 북녘의 빛)'이며, 남반구에 나타나는 것은 '오로라 오스트랄리스 (여명을 닮은 남녘의 빛)'입니다.

오로라의 생성 원인

태양은 빛 이외에 전기를 띠고 있는 입자들을 지구를 향해 쏘아 내는데 이 입자들을 가리켜 '태양풍'이라고 합니다. 이 태양풍이 지구에 도착하면 나선형으로 맴돌면서 북극과 남극이라는 지구의 양 자기극으로 쏟아지게 됩니다. 이때 태양풍의 입자들이 지구 대기권의 기체 입자들과 부딪히면 빛 에너지가 발생하게 되는데, 이것이 바로 오로라입니다.

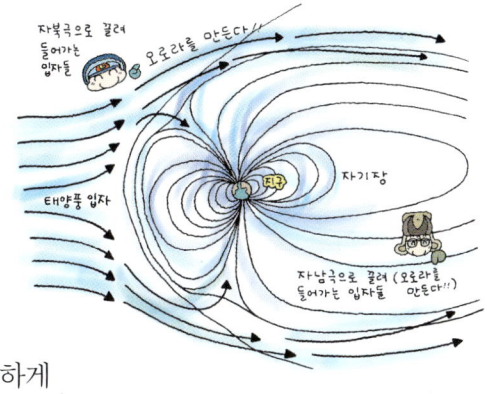

오로라를 관찰할 수 있는 지역과 시기

오로라는 태양풍을 끌어들이는 자기축이 위치한 남북의 극지방 부근에서 자주 발생하는데 일반인들이 쉽게 관찰할 수 있는 지역은 북위 60°~80°에 위치한 시베리아 북부, 알래스카 중부, 캐나다 중북부, 스칸디나비아 반도 등입니다. 오로라는 밤이 긴 겨울철이나, 태양의 흑점 활동이 활발할 때에 빈번하게 나타납니다.

하늘에 펼쳐진 아름다운 오로라의 전경

신나는 저녁 식사

빙하 서바이벌 상식

툰드라의 동물들

북극의 중심부는 얼음으로 둘러싸여 있습니다. 이런 곳에서 살 수 있는 포유류는 북극곰뿐입니다. 그러나 툰드라에는 짧으나마 눈이 쌓이지 않는 여름이 있어, 소수의 동물들이 살아갈 수 있습니다. 북극은 여름에 밤이 없기 때문에 동물들이 하루 종일 먹이를 구할 수 있습니다.

눈신토끼 겨울에 흰색으로 털갈이를 하며 발톱으로 눈을 파헤쳐 먹이를 찾는다.

나그네쥐 개체 수가 많아지면 집단으로 자살하는 습성을 가지고 있다.

담비 겨울이 되면 갈색 털이 흰색으로 바뀐다. 부드러운 털을 가지고 있다.

큰곰 갈색곰이라고도 하며, 북반구에 사는 큰곰들은 9월이 되면 동면에 들어간다.

북극여우 여름에는 털이 갈색이지만, 겨울에는 흰색으로 변한다. 귀와 네 다리는 짧고 뭉툭하다.

◀ **캐나다살쾡이** 귀 끝에 난 검은 털이 특징이다. 목에는 화려한 갈기가 있다.

순록 북아메리카에서는 카리부라고 불린다. 가축화되었으나, 툰드라에는 아직 야생 순록도 남아 있다.

툰드라의 새들

북극의 툰드라에는 나그네쥐나 토끼 같은 작은 포유류들이 살고 있으며, 특히 여름에는 많은 조류들이 툰드라에서 알을 낳고 새끼를 키웁니다. 이 때문에 조류의 먹이 사슬의 상위를 차지하는 맹금류들도 툰드라를 기반으로 살아가고 있습니다. 그러나 겨울이 되면 대부분이 먹이를 찾아 남쪽으로 떠납니다.

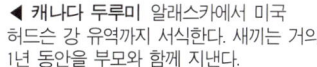

▲ **바다쇠오리** 여름에는 머리와 목이 검은 색이고 눈 뒤에서 윗목 옆까지 흰 줄이 있지만 겨울에는 없어진다.

흰올빼미 북극권의 알래스카, 캐나다, 스칸디나비아 반도 등지에서 알을 낳고 겨울에는 동북아시아로 내려온다.

◀ **캐나다 두루미** 알래스카에서 미국 허드슨 강 유역까지 서식한다. 새끼는 거의 1년 동안을 부모와 함께 지낸다.

흰매 매 중에서 가장 큰 종류에 속한다. 한정된 북극권에서 발견되지만, 먹이가 부족한 겨울에는 남쪽으로 이동하기도 한다.

긴꼬리도둑갈매기 툰드라에서 알을 낳고 호주와 뉴질랜드로 날아간다. 긴꼬리도둑갈매기는 가장 작은 종으로 몸길이가 약 35cm 정도이다.

땅 마커 만들기

오늘은 날씨가 흐려서 사냥이나 낚시하기는 틀린 것 같다.

레오야, 어서 나와! 화장실 만들자!

밥 먹는데 화장실을 들먹이다니!

하긴 이글루 만드는 방법을 응용하면 어렵진 않을 거야.

좋아요!

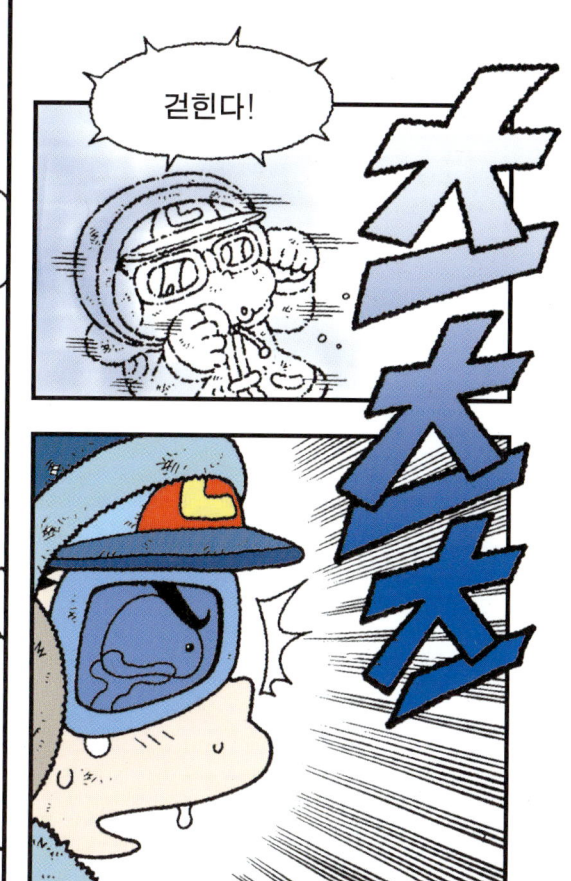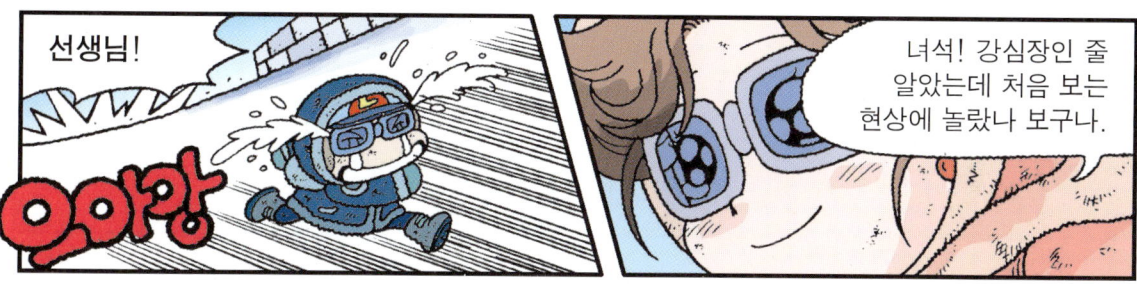

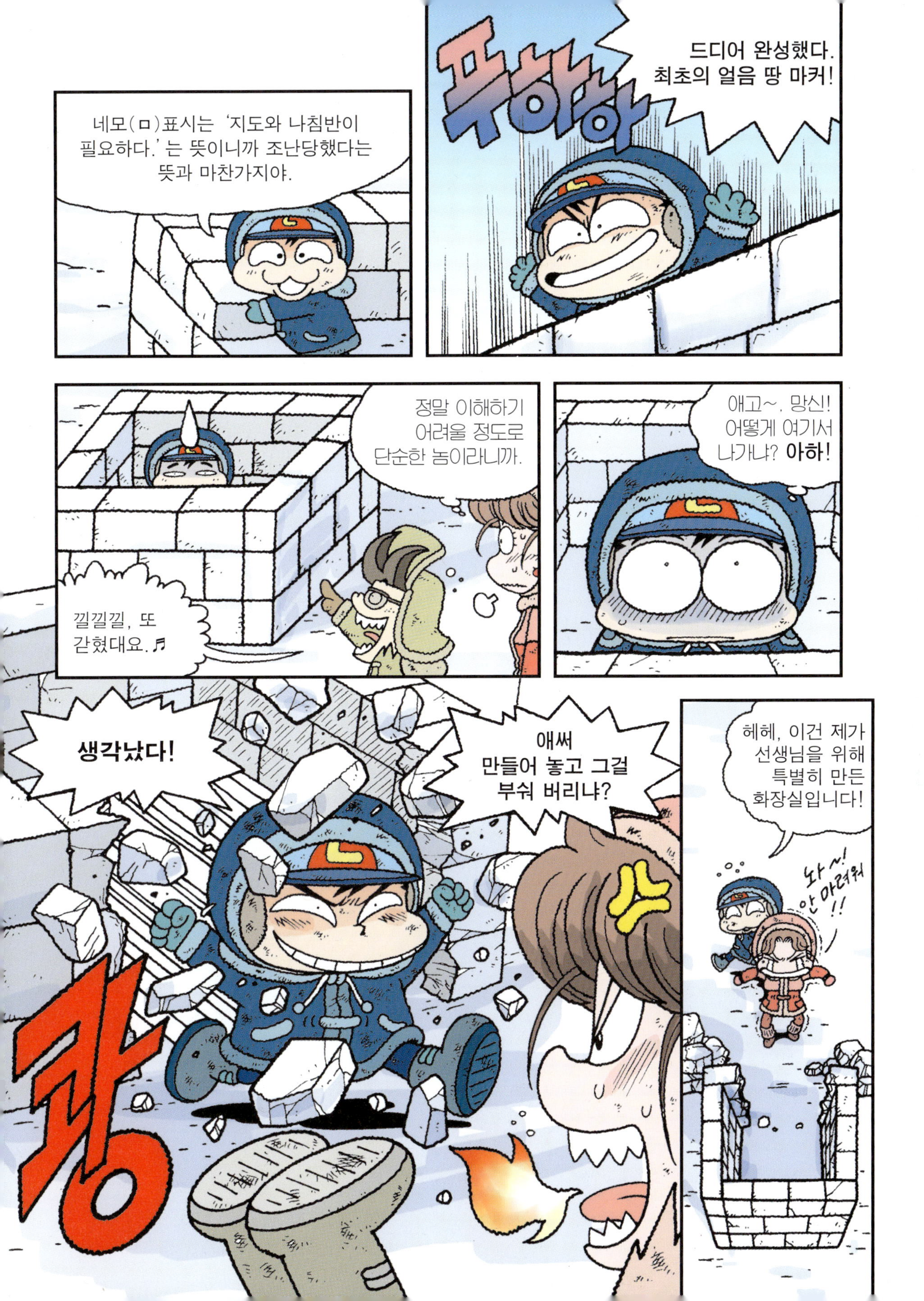

극지의 신기루

북극 지방에는 거대한 신기루가 자주 발생합니다. 북극에 사는 사람들은 얼음 저 멀리 바다나 거대한 도시, 함대나 산이 펼쳐져 있는 광경을 본 적이 있다고 합니다. 탐험가들이 루우밍(looming)이라고 부르는 이 현상은 따뜻한 공기 밑에 차고 짙은 공기가 있을 때 나타나는데, 두 개의 공기층이 렌즈 구실을 해 광선을 굴절시킴으로써 먼 곳에 있는 물체를 가까이 보이게 하거나 뒤집어 보이게 하기도 하고, 이중으로 보이게 하기도 합니다. 차고 더운 두 공기층이 공기의 밀도 차이에 의해서 겹쳐졌을 때 발생하는 신기루의 이치와 같은 것입니다.

화이트 아웃(백시) 현상

광선이 얼음 벌판과 낮게 드리워진 구름 사이에서 사방으로 반사되어 온 천지가 얼마 동안 우윳빛으로 뿌옇게 변하는 현상을 말합니다. 이 현상이 일어나는 동안 지상의 모든 모습이 눈앞에서 사라진 것처럼 보입니다.

화이트 아웃 심할 때는 지상과 하늘의 구분이 불가능하며, 이때에는 무리하게 움직이지 말고 시야가 회복될 때까지 기다려야 한다.

빛의 성질들

빛에는 여러 가지 성질이 있습니다. 그중 가장 대표적인 성질이 직진, 반사, 굴절입니다.

빛의 직진

빛은 공기 속에서 똑바로 진행합니다. 빛이 직진하기 때문에 나타나는 현상은 생활 속에서도 쉽게 찾아볼 수 있습니다. 나무 사이로 퍼져 나가는 햇빛이나 문틈으로 들어오는 햇빛들이 그 예입니다.

빛의 반사

빛이 직진을 하다가 불투명한 물체를 만나면 통과를 하지 못해서 그대로 튀어나옵니다. 이것을 빛의 반사라고 합니다. 특히 물체에 부딪히기 전의 빛을 입사광, 부딪힌 후의 빛을 반사광이라고 합니다. 그리고 물체와 부딪히는 점에서 물체면에 수직이 되는

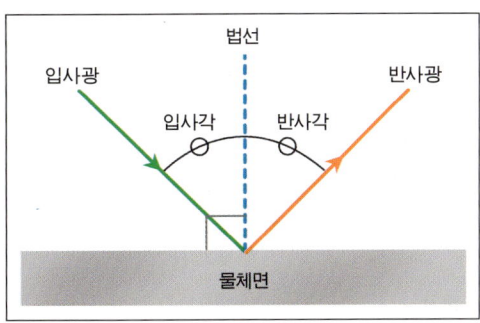

선을 법선이라고 합니다. 입사광과 법선이 이루는 각과 반사광이 법선과 이루는 각은 언제나 같습니다.

빛의 굴절

물이 담긴 그릇에 손을 넣어 보세요. 손이 커 보이지요? 이것은 빛이 굴절하기 때문에 생기는 현상입니다. 빛의 굴절이란 빛이 서로 다른 물질의 경계면을 지날 때 꺾이는 현상을 말합니다. 빛의 굴절로 생기는 현상으로는 무지갯빛의 스펙트럼과 오목 렌즈와 볼록 렌즈의 원리를 들 수 있습니다. 오목 렌즈를 통과하는 빛들은 굴절하여 퍼지게 되고, 볼록 렌즈를 통과하는 빛들은 굴절하여 한 점으로 모이게 됩니다. 볼록 렌즈를 통과한 빛들을 검은 도화지에 대면 불이 붙는다는 사실은 알죠?

바다의 거인, 고래

차디찬 북극의 얼음 바다에는 북극의 거인인 고래들이 살고 있습니다. 고래들은 여름철에 플랑크톤을 잡아먹으며 살고, 겨울에는 대부분 따뜻한 남쪽 바다로 이동합니다. 그러나 일각돌고래나, 흰돌고래 같은 종은 1년 내내 북극에서 서식합니다.

일각돌고래 뿔이 있는 것이 특징이다. 뿔의 기능은 정확히 밝혀지지 않았으나 암컷을 차지하기 위한 수컷 사이의 다툼에 이용되고 있다.

그린란드고래 북극과 북반구의 따뜻한 바다에서 생활하는 검은색 고래로, 턱의 끝 부분과 목, 그리고 배 부분이 흰색이다.

쇠고래 수염고래류 중에서 해변과 가장 가까운 곳에서 생활한다. 무분별한 남획으로 멸종 위기에 처해 있어 우리나라에서는 천연기념물로 지정되었다.

흑등고래 가슴에 길고 가는 가슴지느러미를 가지고 있는데 여름에는 극지방의 해양에서, 겨울에는 번식지인 열대나 아열대의 바다에서 생활한다.

흰돌고래 주로 북극해 주변에서 서식한다. 중간 크기로 어렸을 때는 어두운 청회색이지만 크면 흰색으로 변한다.

바다의 무법자, 상어

상어는 모든 바다에 널리 분포되어 있습니다. 가장 작은 상어는 16cm이고 가장 큰 상어는 18m에 이를 정도로 크기와 종류가 다양합니다. 몸의 표면은 방패 비늘이 있어 만지면 꺼칠꺼칠합니다. 몸은 머리, 몸통, 꼬리, 지느러미의 네 부분으로 나누어지며, 대부분 지느러미가 발달되어 있습니다.

▲ 용상어 철갑상어과에 속하며 네 개의 수염을 가지고 있다. 회색 바탕에 푸른빛을 띠고 있다.

◀ 철갑상어 역시 네 개의 수염이 특징이다. 소금에 절인 철갑상어 알을 캐비어라고 하는데 진미로 꼽힌다.

상어 비늘에서 찾은 과학

상어는 바다에서 가장 능숙하게 수영을 하는 물고기입니다. 상어가 수영을 잘하는 비결은 비늘에 나 있는 작은 돌기에서 찾을 수 있습니다. 보통 수영을 하게 되면, 물이 피부에 닿아 와류 현상이 생깁니다. 이로 인해 마찰력이 생겨 수영 속도가 느려지게 되지만, 상어의 돌기는 마찰력을 줄여 수영을 빨리 할 수 있도록 해 줍니다. 이 상어 비늘에 있는 돌기의 원리를 이용하여 타이어와 잠수함, 전신 수영복 등을 만들었습니다.

상어 사냥

이얍!

오늘은 아예 이 작살로 상어 사냥을 해야겠어.

크하하하. 상어야, 어서 오너라!

쯧쯧, 무식하면 용감하다더니.

그러다 작살이라도 뜯기면 어쩌려고 그러냐?

괜찮아. 이 작살 로프가 질기고 튼튼하니까.

눈의 과학

극지방 하면 가장 먼저 떠오르는 것이 바로 새하얀 경치입니다. 그만큼 눈은 극지방을 형성하는 데 가장 기본이 되는 조건이라고 할 수 있습니다. 눈이 만들어 내는 지형이 각양각색인 것처럼 눈의 결정도 다양합니다. 눈의 결정은 형성될 당시의 조건에 따라 다른 모습으로 나타나게 됩니다. 그러나 눈의 결정이 나타나는 과정에도 질서는 존재합니다.

각각의 모양은 다르지만 육각형 대칭 구조가 반복되고 있습니다. 이는 물분자 6개가 안정된 상태가 되기 위해 단단히 결합하고 있기 때문입니다. 눈은 수분의 온도가 영하로 떨어지면 만들어지지만, 눈이 되기 위해서는 기본적으로 핵이 필요합니다. 핵이 없어서 얼지 못한 것을 '과냉각' 상태라고 합니다. 이런 상태의 물질은 먼지같이 핵이 될 만한 것을 만나면 바로 눈 결정을 만들게 됩니다. 이런 결정들이 모여서 우리 눈에 보이는 눈의 형태로 나타나는 것입니다.

눈 결정의 성장

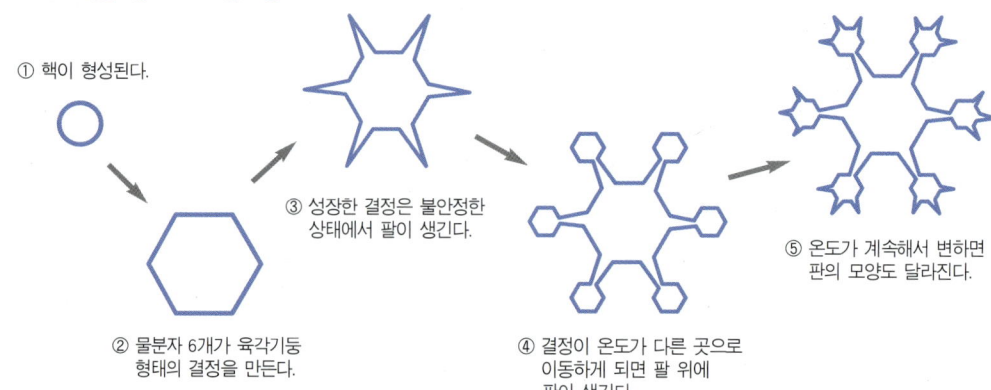

① 핵이 형성된다.
② 물분자 6개가 육각기둥 형태의 결정을 만든다.
③ 성장한 결정은 불안정한 상태에서 팔이 생긴다.
④ 결정이 온도가 다른 곳으로 이동하게 되면 팔 위에 판이 생긴다.
⑤ 온도가 계속해서 변하면 판의 모양도 달라진다.

여러 가지 눈 결정의 모양

눈을 만드는 수증기의 양과 온도가 다르기 때문에 모양도 달라집니다. 눈 결정에 나타나는 모양으로는 육각 결정, 바늘꼴 결정, 기둥꼴 결정, 널빤지꼴 결정, 나뭇가지꼴 결정 등이 있습니다.

◀ 나뭇가지 모양의 눈 결정들

눈과 얼음이 비닐하우스?

눈은 7cm 이상으로 쌓이지만 않으면, 숨쉴 수 있을 정도의 공기가 통하며 또 찬 바람을 막아 주는 보온 역할도 하게 됩니다. 북극곰이 갑작스럽게 몰아치는 폭풍을 만났을 때 눈 속을 파고 들어가는 것도 그 때문입니다. 또한 연못이나 호수에서 얼음이 생길 때에는 많은 열이 방출됩니다. 그래서 얼음 밑의 수온은 많이 내려가지 않습니다. 또한 얼음은 밖의 찬 공기를 막아서 수온이 내려가는 것을 방지합니다.

북극의 눈은 왜 단단할까요?

흔히 우리 주위에서 볼 수 있는 눈은 잡으면 보슬보슬 흩어집니다. 그러나 북극의 눈은 단단합니다. 왜 그럴까요? 북극에서는 눈이 끊임없이 내립니다. 특히 북극과 같이 추운 곳에서의 눈은 녹지 않고 층층이 쌓이게 됩니다. 솜털같이 보송보송했던 눈의 결정들도 시간이 지나면 공기가 빠져나가 단단해집니다. 즉 점차 밀도가 높아져 만년설이 되고 결국에는 얼음으로 변하게 되는 것입니다.

북극곰의 습격

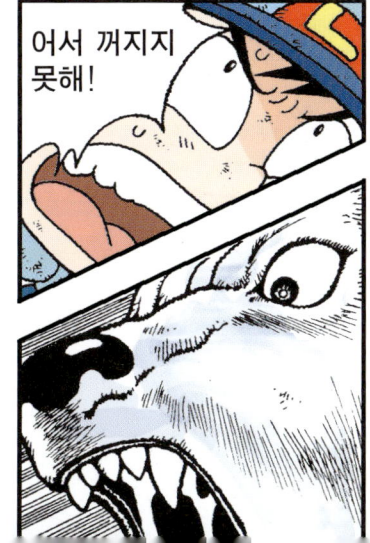

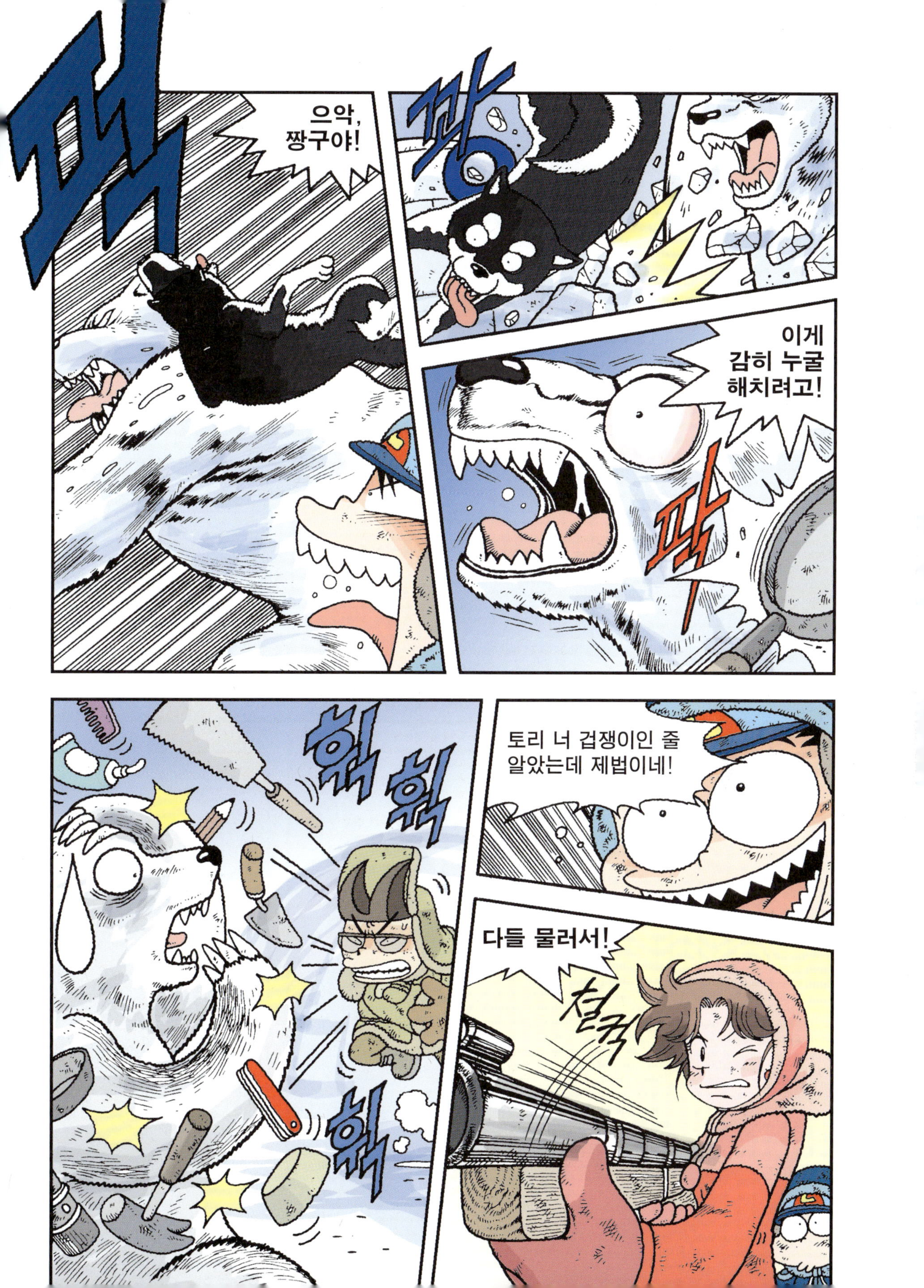

펑

으악, 짱구야!

깡

이게 감히 누굴 해치려고!

팍

토리 너 겁쟁이인 줄 알았는데 제법이네!

다들 물러서!

척

휙 휙

눈 위의 예술 작품 상고대

영하의 기온에서도 액체 상태로 존재하는 물방울이 같은 영하의 상태에 있는 물체와 만나서 생기는 것을 상고대라고 합니다. 영하에서도 액체 상태로 있는 물방울들을 과냉각 물방울이라고 하는데 크기가 너무 작아, 물체를 만나는 순간 얼어붙으면서 상고대층을 만들게 됩니다. 물방울이 물체와 만나는 사이사이에 공기가 끼어들어 상고대는 투명한 얼음 알갱이들로 이루어진 경우가 많습니다.

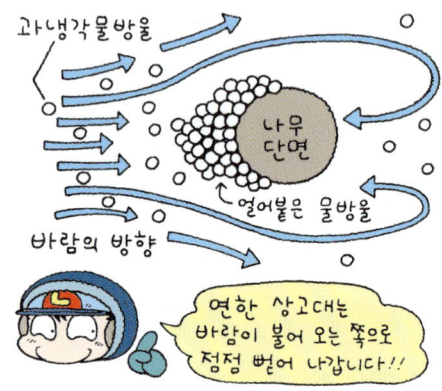

상고대의 특징

상고대는 바람이 불어오는 방향으로 점점 커 나갑니다. 바람이 세게 불수록, 또한 과냉각된 물방울이 많을수록 상고대가 잘 자라기 때문에 상고대가 만들어진 모양을 보고 바람의 방향과 세기를 알 수 있습니다.

상고대의 생성

바람이 약하고 기온이 낮을 때는 새우 꼬리 모양의 쉽게 부서지는 상고대가 생깁니다. 그러나 바람이 세고 기온이 높을 때는 단단한 비얼음이 생겨납니다. 비얼음이란 안개 알갱이가 완전히 얼어붙기 전에 다른 알갱이들이 들러붙어 결국 단단하고 투명한 얼음이 되어 버린 것을 말합니다. 특히 과냉각된 물방울들이 많이 모인 구름 속을 나는 비행기는 날개에 상고대가 생길 때가 있어 위험합니다.

서리는 상고대의 아버지?

서리는 땅이나 어떤 물체 표면의 대기에 있던 수분이 바로 얼어 버린 것으로, 보통은 흰서리라 불립니다. 언뜻 보면 눈의 결정과도 비슷합니다. 그러나 서리는 물체에 붙어서 한쪽만이 자라기 때문에 눈의 결정처럼 대칭꼴이 아닙니다. 서리는 지면이나 노출된 물체 표면에서 직접 결정화된 대기의 수분으로 대기 중의 수증기가 바로 얼음이 되어 만들어집니다. 특히 입자 형태의 서리를 상고대라고 부릅니다. 그러니까 상고대는 서리의 일종인 셈이지요.

상고대의 왕, 몬스터

상고대 중에는 괴물이라는 뜻을 가진 몬스터가 있습니다. 몬스터는 과냉각된 물방울들이 영하 상태의 물체를 만나 얼어붙는 과정에서 눈과 범벅이 되어 생긴 것입니다. 이 경우엔 눈이 차지하는 비율이 훨씬 더 큽니다.

몬스터

새우 꼬리 모양의 상고대

화려한 모습의 상고대

크레바스를 넘어서

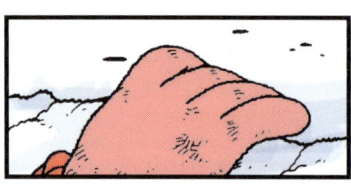

레오 녀석 때문에 두 번이나 올라왔네.

이럴 수가. 난빙대잖아? 정말 산 너머 산이군.

애고~ 힘들어! 이놈의 산은 왜 이리 이끌거려!

빙산이니까 그렇지!! 이무식아!!

얘들아, 어서 내려가자. 앞으로도 갈 길은 멀고도 험해.

조금만 쉬었다 가요.

안 돼! 밤이 되기 전에 머물 곳을 찾아야 해.

쳇, 그렇다면 좋아요.

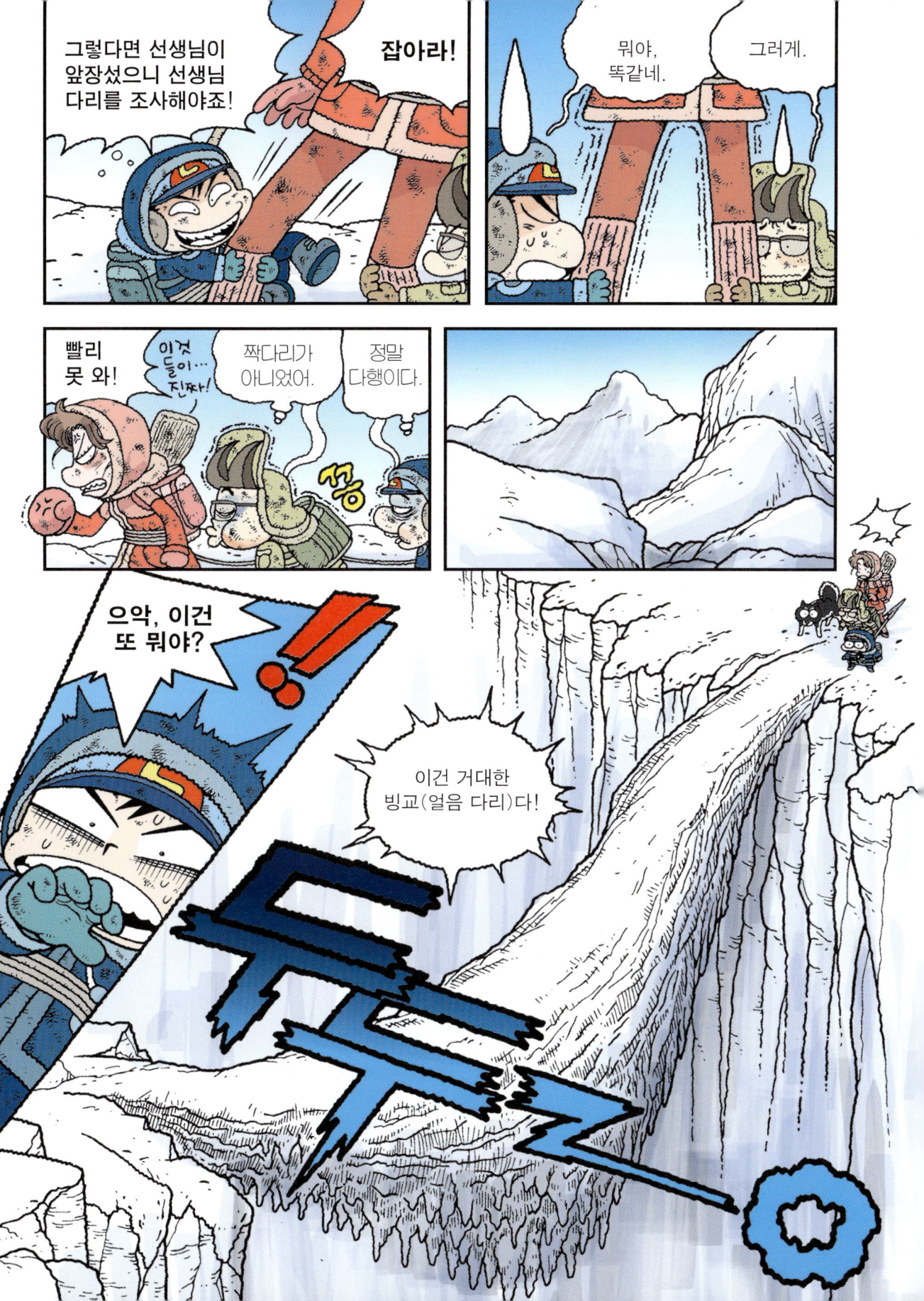

코리올리의 힘(전향력)

코리올리의 힘은 프랑스의 과학자 코리올리가 밝혀 낸 것입니다. 이것은 지구 자전 현상에 의해 나타나는 것으로 실제로 존재하는 것은 아닙니다. 만약 지구의 북극에서 남쪽으로 공을 던졌다면 지구의 자전으로 인해 공은 약간 오른쪽으로 휘게 될 것입니다. 그러나 지구에서 이것을 본 사람은 지구 자전을 느끼지 못하므로 마치 어떤 힘을 받아 공이 휘어진 것으로 생각하게 됩니다. 그러나 반대로 우주 밖에서 보게 된다면 지구 자전을 확인할 수 있어서 공이 기울어져 날아가는 것도 쉽게 이해할 수 있습니다.

전향력은 북반구에서는 진행 방향의 오른쪽으로 작용하고 남반구에서는 진행 방향의 왼쪽으로 작용합니다. 크기가 가장 큰 곳은 적도이고, 극에서는 0입니다. 이런 코리올리의 힘은 우리 주위에서도 쉽게 찾아볼 수 있습니다. 특히 기상 현상에서 자주 나타납니다. 여름에 적도에서 발생한 태풍은 북쪽으로 올라오면서 점차 그 진행 경로가 오른쪽으로 기울어지는 것을 볼 수 있습니다. 이것은 북쪽에서는 진행 방향의 오른쪽으로 코리올리의 힘이 나타나기 때문입니다.

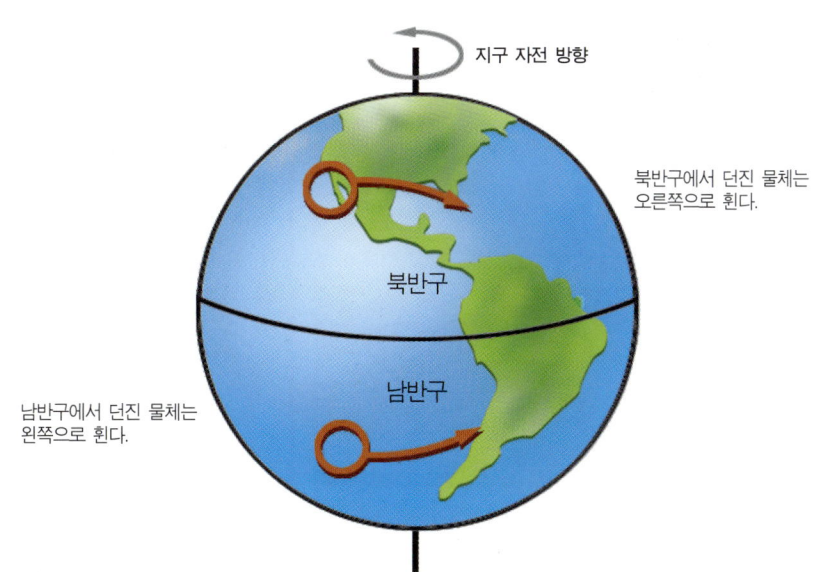

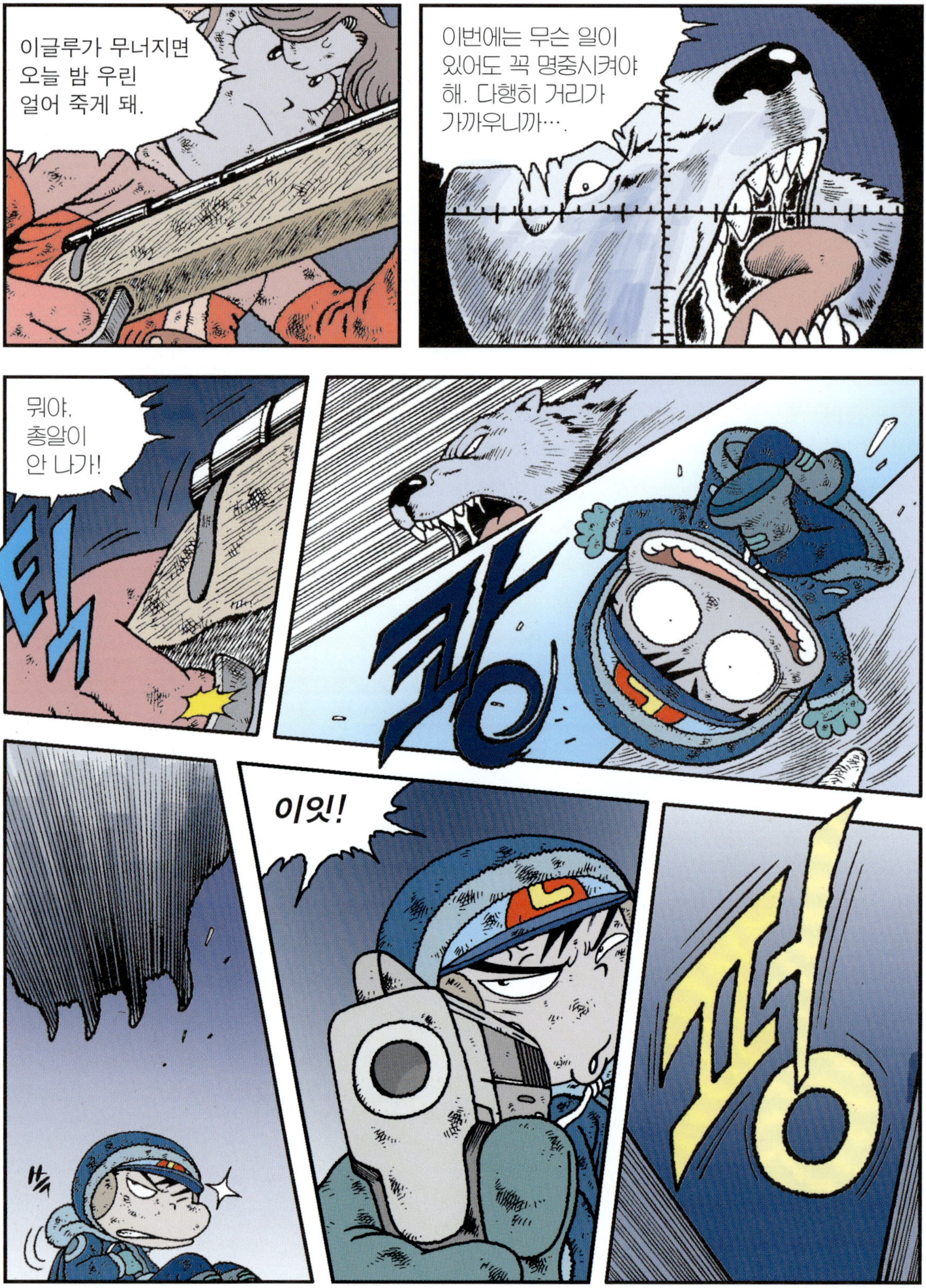

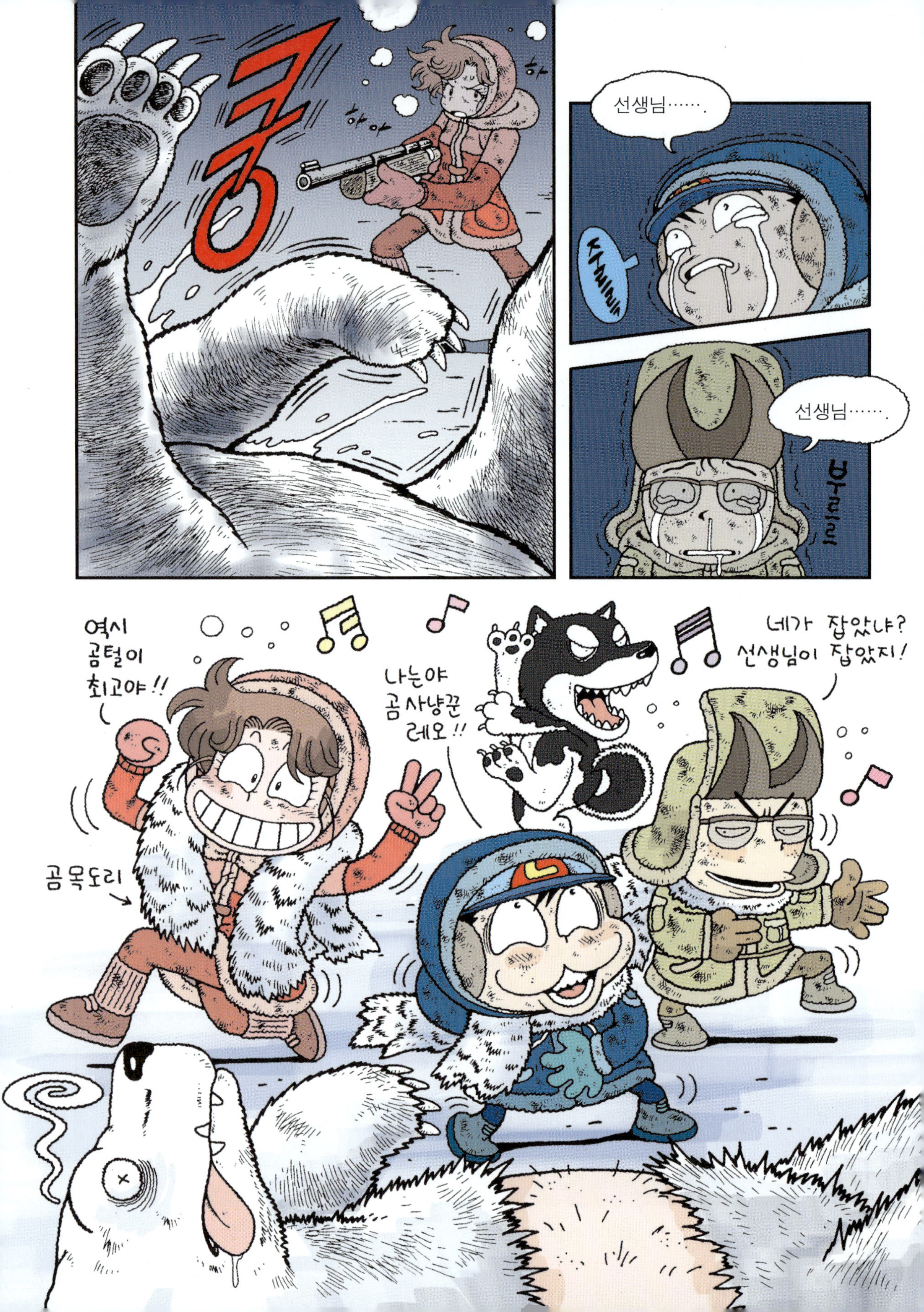
쿵
하아아
하
선생님…….
선생님…….
부르르
역시
곰털이
최고야!!
나는야
곰 사냥꾼
레오!!
네가 잡았냐?
선생님이 잡았지!
곰목도리

북극의 제왕, 북극곰

햇빛을 쬐고 있는 북극곰

북극의 얼음 위에서 사는 유일한 동물이 바로 북극곰입니다. 북극곰은 귀가 짧고 동그랗기 때문에 체온을 거의 잃지 않으며, 상징이라고 할 수 있는 흰 털은 주위 환경과의 구분을 어렵게 하여 사냥을 쉽게 할 수 있게 해 줍니다. 북극곰은 피부 밑에 두꺼운 지방층과 털이 있어 북극의 혹독한 추위 속에서도 생활할 수 있습니다.

북극곰이 얼마나 영리한지 아세요?

북극곰은 때때로 넓은 얼음판 위를 세 개의 다리로 절룩거리면서 걷습니다. 나머지 한 개의 발로 코를 가리기 때문이지요. 왜냐고요? 북극곰은 온몸이 다 하얗지만 오직 코만 검기 때문입니다. 그래서 완벽하게 몸을 숨기기 위해 코를 한쪽 발로 숨기는 것입니다.

북극곰은 잠수, 수영, 달리기도 짱!

북극곰은 사냥감이나 사람을 공격할 때 약 40km의 속도로 뛰면서도 좀처럼 지치지 않는 힘을 갖고 있습니다. 또한 15m 이상을 잠수하기도 하며 30km~40km까지 수영을 할 수 있는 능력을 갖고 있다고 합니다.

구조의 손길

이틀 후.

야, 무슨 눈싸움에 얼음덩이를 던지냐!

휴우~. 이것도 이젠 재미 없어. 난 집에 가고 싶어.

도대체 언제까지 구조를 기다려야 해요? 내친 김에 계속 걸어가는 게 어때요?

그건 안 돼! 아무리 네가 서바이벌에 도사라도 이곳은 아주 위험하단 말이야.

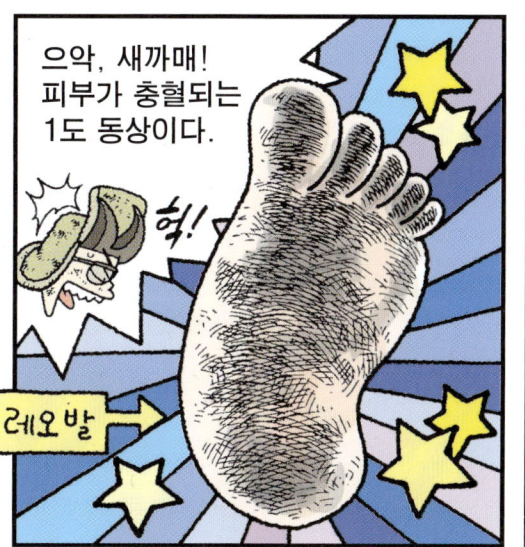

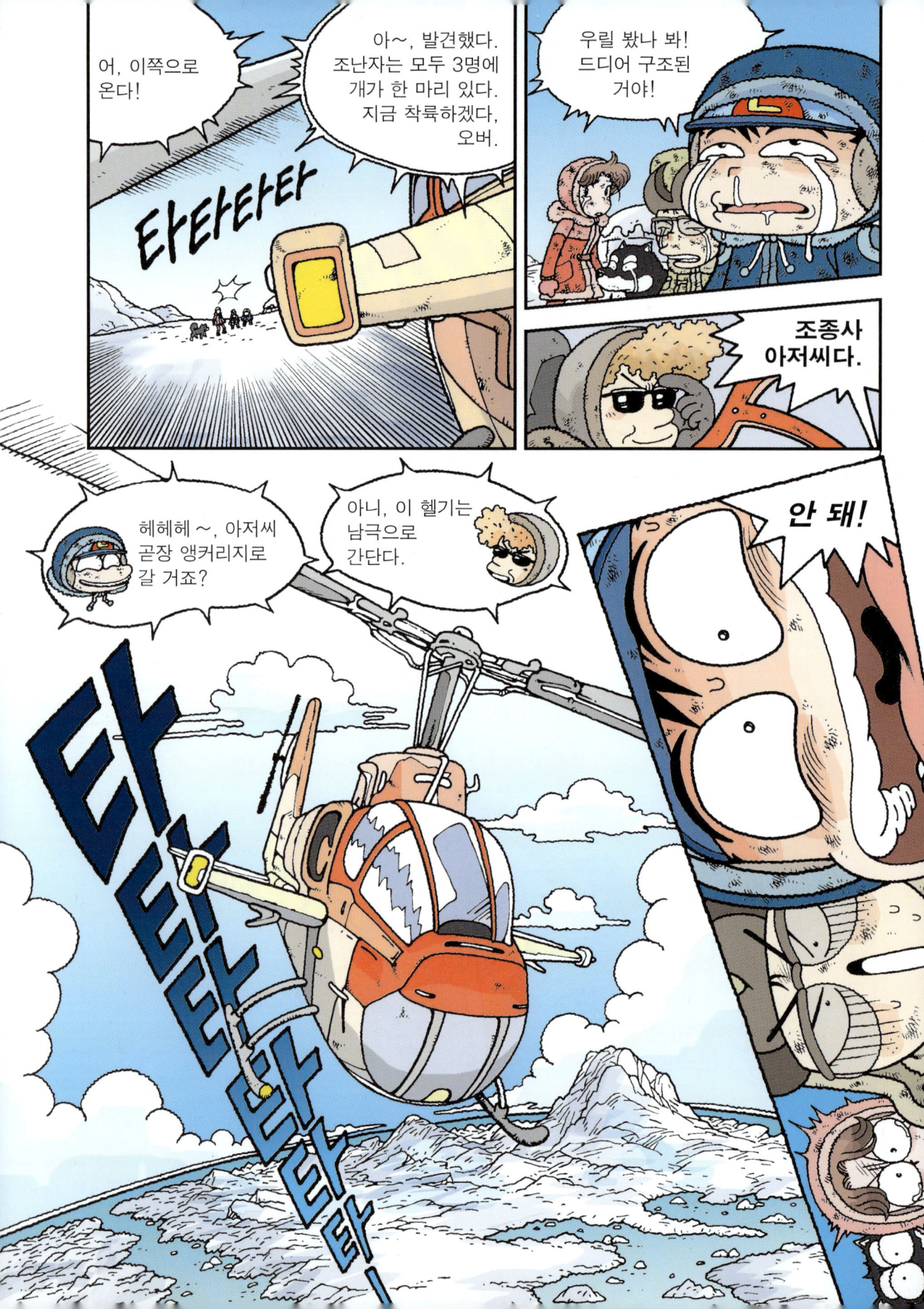

빙하 서바이벌 상식

북극에서 얼음이 사라지고 있다?

최근 알래스카의 빙하가 예상보다 빠른 속도로 녹고 있다는 보도가 있었습니다. 5년간의 해빙 속도가 지난 50년간보다 두 배 이상 빨라졌다고 합니다. 알래스카의 빙하가 녹기 시작하면서 지난 100년 동안 지구 해수면은 20cm 이상 높아졌고 그 속도는 점차 빨라지고 있습니다. 이는 알래스카에서만 일어나고 있는 현상이 아닙니다. 인간 활동으로 인해 이산화탄소의 양이 급격히 늘어나자 오존층 파괴가 가속화되기 시작했습니다. 이것은 바로 지구 온난화라는 지구 기온의 상승을 초래하였고, 북극과 남극의 거대 빙하를 녹여 갔던 것입니다.
이로 인해 해양 자원의 보고라고 알려진 북빙양의 경우, 해수의 증가와 담수화(물의 염분 농도가 옅어지는 것)로 인해 외래종의 침입, 생태계의 파괴 등으로 먹이 사슬 자체가 붕괴되고 있습니다. 또한 극지방의 겨울 온도는 5℃나 상승하였고, 21세기에는 무려 14℃까지 오를 것이라는 예측마저 나오고 있습니다. 이렇게 되면 지구 전체의 온도가 상승하여 지구 온난화는 더욱 급속히 진행될 것입니다. 결국 지구 전체가 사막으로 변하게 되는 것입니다. 이를 막기 위해서는 오존층 파괴에 영향을 미치는 이산화탄소 배출량을 줄이는 것이 급선무입니다. 그럼 우리가 할 수 있는 일은 무엇이 있을까요? 이산화탄소는 석탄, 석유의 사용 증가와 가장 밀접한 관련이 있습니다. 그러므로 어린이들이 에너지를 절약하여 사용한다면 조금이나마 북극의 빙하를 보존하고, 더 나아가 지구를 보호할 수 있을 것입니다.

어린이를 위한 인문학 시리즈

오랜 전쟁의 끝을 알리는 최후의 격돌, 트로이 전쟁의 마지막 이야기!

아가멤논과의 불화로 한동안 참전을 거부하던 아킬레우스는 비극적인 한 사건을 계기로 다시 전의를 불태웁니다. 치열한 전투가 벌어지는 전쟁터로 다시 뛰어든 아킬레우스. 그는 오래전 예언대로 명예를 드높일 수 있을까요? 그리고 이 긴 전쟁의 끝은 과연 어떻게 될까요?

글 최설희 | 구성 정수영 | 그림 한현동 | 값 15,500원

처음 읽는 그리스 로마 신화 12 - 트로이 전쟁

NEW

그리스 로마 신화 **더 깊이 보기**
- 파트로클로스의 죽음
- 그리스의 영웅, 디오메데스
- 트로이 목마의 예언

QUIZ 그리스 로마 신화 **완전 정복!**

근간 예정 | 처음 읽는 그리스 로마 신화 ⑬

각 권 12,000 ~ 13,500원

시리즈는 계속됩니다!

MiraeN 아이세움